Trabalhos Paralelos Globais com IA

Ganhe Dinheiro Online Usando Ferramentas de IA
Sem Necessidade de Programação ou Habilidades Técnicas

Por Joe Correa

Publicado por **Live Stronger Faster**

Primeira Edição.

Índice

Introdução

A mudança já está acontecendo. O futuro do trabalho não está chegando — ele já está aqui. Em todo o mundo, pessoas estão silenciosamente abandonando empregos tradicionais, deixando de lado longos deslocamentos e abraçando uma nova forma de renda: trabalhos paralelos impulsionados por inteligência artificial. De pequenas cidades a grandes metrópoles globais, indivíduos sem qualquer experiência em tecnologia estão construindo negócios lucrativos online usando IA.

Estamos testemunhando uma grande transformação. O que antes exigia uma equipe inteira de desenvolvedores, designers e profissionais de marketing agora pode ser feito com apenas alguns cliques — graças ao crescente poder das ferramentas de inteligência artificial.

Plataformas como ChatGPT, Midjourney, Copy.ai, OpusClip, ElevenLabs e centenas de outras estão transformando a maneira como as pessoas escrevem, criam designs, produzem conteúdo, fazem marketing e até ensinam. E a melhor parte? Você não precisa ser programador, especialista ou um gênio da computação para lucrar com elas.

Você só precisa saber como usá-las de forma criativa e estratégica. É exatamente disso que trata este livro.

Por que trabalhos paralelos? Por que agora? Nunca houve um momento melhor para iniciar uma renda extra. A inflação está aumentando, a segurança no emprego é incerta e, para muitas pessoas, trabalhar mais já não é suficiente. Mas e se trabalhar de forma mais inteligente realmente funcionasse?

Trabalhos paralelos impulsionados por IA não exigem estoque físico, podem ser iniciados apenas com um smartphone ou laptop, permitem que você ganhe dinheiro no seu tempo livre, possibilitam atender clientes em qualquer lugar do mundo e não exigem funcionários, escritório ou um grande investimento inicial.

E como a maioria das ferramentas de IA está disponível globalmente, qualquer pessoa com conexão à internet pode começar hoje mesmo.

Seja para escrever conteúdo, gerar vídeos ou artes, automatizar e-mails, traduzir ou gravar narrações de roteiros, ou oferecer serviços digitais para empresas, existe um trabalho paralelo ideal para você — e vamos explorar todos eles.

Este livro foi criado para iniciantes, pessoas sem conhecimento técnico e empreendedores que desejam aprender maneiras reais e práticas de ganhar dinheiro usando inteligência artificial.

Você aprenderá como escolher o trabalho paralelo certo com base no seu tempo, nas suas habilidades e nos seus objetivos. Descobrirá quais ferramentas de IA são gratuitas ou acessíveis e estão disponíveis no mundo inteiro. Aprenderá como montar cada trabalho paralelo em menos de uma semana e onde encontrar seus primeiros clientes ou gerar renda passiva. Também verá exemplos e histórias reais de pessoas que estão tendo sucesso ao redor do mundo, além de estratégias inteligentes para automatizar e escalar seu trabalho ao longo do tempo.

Cada capítulo está repleto de insights, modelos e passos práticos. Você também encontrará versões em forma de história para ajudar a visualizar como alguém como você transformou uma simples ideia em renda.

Sem enrolação. Sem jargões complicados. Apenas orientações claras e honestas que você pode começar a aplicar hoje.

Este livro é para estudantes que desejam ganhar uma renda extra, para pais que ficam em casa e têm algumas horas livres por dia, para imigrantes e viajantes que procuram trabalho independente de localização, para trabalhadores que estão cansados da rotina tradicional das 9 às 17 horas e querem escapar da corrida dos ratos, para aposentados que desejam uma fonte de renda flexível, e para criadores, escritores, coaches, professores e freelancers que querem ganhar dinheiro de forma mais inteligente, não apenas trabalhando mais.

Este livro não é para quem procura riqueza instantânea sem esforço.

A inteligência artificial pode lhe dar vantagem — mas você ainda precisa agir. Se estiver disposto a ouvir, aprender e aplicar o que está aqui, você poderá começar em até 48 horas e possivelmente ganhar seus primeiros resultados dentro de uma ou duas semanas.

Aqui está a verdade: a maioria das pessoas continuará vendo a inteligência artificial passar diante delas, pensando que já é tarde demais ou que é complicado demais.

Mas aqueles que realmente vencem são os que simplesmente começam.

Você não está atrasado. Você está exatamente onde precisa estar — e este livro vai guiá-lo em cada etapa do caminho. Comece pequeno, utilize ferramentas gratuitas, experimente e evolua. Em pouco tempo, seu trabalho paralelo com inteligência artificial pode se tornar muito mais do que apenas uma renda extra. Pode se tornar liberdade.

Se você deseja ganhar 500 dólares por mês ou 5.000 dólares por mês, se quer trabalhar em meio período ou construir algo muito maior, este livro será sua plataforma de lançamento.

Vamos começar sua jornada no mundo dos Trabalhos Paralelos Globais com IA e desbloquear seu potencial de renda usando as ferramentas do futuro, disponíveis para você hoje.

Capítulo 1: Introdução aos Trabalhos Paralelos com IA — O Que é Possível Hoje

Estamos vivendo uma das maiores transformações de produtividade da história moderna — e ela não está acontecendo apenas em salas de reunião do Vale do Silício. Está acontecendo silenciosamente em casas, dormitórios universitários, cafés e quartos ao redor do mundo. A inteligência artificial está transformando o que é possível para pessoas comuns que possuem pouco mais do que um laptop ou um smartphone. E para aqueles que sabem como utilizá-la, uma nova fonte de renda — ou até mesmo uma nova vida — pode estar a apenas uma ferramenta de distância.

A inteligência artificial evoluiu muito além de seus estágios iniciais. Hoje ela alimenta aplicativos, automatiza tarefas, escreve conteúdos, gera gráficos, edita vídeos, traduz idiomas, cria vozes e até responde a perguntas complexas de negócios. Essas capacidades, que antes estavam disponíveis apenas para grandes empresas de tecnologia ou desenvolvedores altamente especializados, agora estão acessíveis a qualquer pessoa — até mesmo iniciantes completos. Com interfaces simples e modelos prontos para uso, as ferramentas de IA permitem lançar um negócio online legítimo sem experiência prévia, sem programação e sem conhecimento técnico.

É aí que entram os trabalhos paralelos com IA. Um trabalho paralelo é simplesmente uma maneira de ganhar renda extra fora do seu emprego principal ou rotina diária — e a IA torna isso mais rápido, mais fácil e mais barato do que nunca. Você pode criar conteúdo para redes sociais de clientes usando ferramentas como Canva e ChatGPT. Pode lançar um canal de YouTube sem aparecer usando ferramentas de vídeo e voz com IA. Pode escrever e vender ebooks com geradores de texto baseados em inteligência artificial. Pode até oferecer consultoria em IA para pequenas empresas da sua comunidade que não sabem por onde começar. Cada uma dessas atividades tem potencial para se transformar em um negócio em tempo integral ou gerar uma renda passiva significativa.

Uma das maiores vantagens dos trabalhos paralelos com IA é que eles são globais e escaláveis. Você não precisa morar em uma grande cidade nem falar inglês perfeitamente para participar. As ferramentas de IA suportam vários idiomas, e muitas delas são gratuitas ou oferecem versões freemium bastante generosas. Isso significa que alguém no Quênia, em Bangladesh ou no México tem praticamente as mesmas oportunidades que alguém em Nova York ou Londres. O campo de jogo nunca esteve tão equilibrado. E como essas ferramentas funcionam online, você pode administrar seu trabalho paralelo de qualquer lugar — seja da sua sala de estar ou de um café à beira-mar em Bali.

Outro benefício importante é a velocidade com que você pode começar. Trabalhos paralelos tradicionais muitas vezes exigem estoque, envio de produtos, sites complexos ou treinamento especializado. Com IA, isso não é necessário. Com a orientação correta — que este livro fornecerá — você pode passar da ideia à execução em poucos dias, às vezes até em poucas horas. Suponha que você queira oferecer serviços de copywriting. Você pode usar o ChatGPT para gerar artigos de blog, conteúdo para sites ou textos de vendas. Depois, pode listar seu serviço em plataformas como Fiverr ou Upwork, criar alguns exemplos e começar a se candidatar a trabalhos. Se quiser criar um curso em vídeo, ferramentas como Pictory, Synthesia e ElevenLabs podem ajudá-lo a escrever roteiros, produzir e narrar vídeos totalmente com IA.

Mas antes de mergulhar em trabalhos paralelos específicos, é importante entender as habilidades principais que farão você ter sucesso, independentemente da atividade escolhida. Primeiro, você precisa se sentir confortável explorando novas ferramentas. Muitas pessoas hesitam em usar IA porque têm medo de quebrar algo ou de se confundir. Porém, a verdade é que essas ferramentas são projetadas para serem intuitivas. Explore, experimente e assista a alguns tutoriais — a maioria das plataformas possui vídeos gratuitos que explicam tudo em poucos minutos. Em segundo lugar, concentre-se em criar valor. Não use a IA apenas para tarefas repetitivas. Use-a para resolver problemas, economizar tempo das pessoas ou tornar suas vidas mais fáceis. É por isso que clientes e empresas estão dispostos a pagar.

Também é útil tratar seu trabalho paralelo com IA como um negócio real, mesmo que você dedique apenas uma ou duas horas por dia. Isso significa estabelecer metas claras de renda, acompanhar seu progresso e aprender constantemente como melhorar. Muitos empreendedores de IA começaram fazendo apenas uma atividade de forma consistente — escrevendo descrições de produtos, criando vídeos curtos ou construindo sites simples — e gradualmente aumentaram sua renda ao refinar seu nicho e cobrar mais com o tempo.

Por fim, pense no longo prazo. A inteligência artificial não é apenas uma tendência — ela é a base da economia do futuro. Quanto mais cedo você aprender a trabalhar com ela, mais preparado estará para o futuro. Imagine ser uma das primeiras pessoas a entender como a internet mudaria os negócios nos anos 1990. É exatamente nesse ponto que a IA está hoje. Você não está atrasado. Você chegou cedo. E este livro é o seu atalho para sair na frente.

Nos próximos capítulos, vamos explorar dez dos melhores trabalhos paralelos globais com IA que você pode começar imediatamente. Cada um incluirá um plano passo a passo, as melhores ferramentas para usar, como encontrar clientes ou vender seus serviços e como escalar quando estiver pronto. Ao final, você terá tudo o que precisa para escolher uma ou mais opções que se alinhem aos seus objetivos e ao seu estilo de vida.

Você não precisa de investimento inicial, diploma ou equipe. Precisa apenas de iniciativa, consistência e vontade de agir. Portanto, se você já se sentiu preso, esgotado ou sem saber como ganhar mais dinheiro sem sacrificar seu tempo ou liberdade — bem-vindo. Você está exatamente onde precisa estar. Vamos começar.

James tinha 29 anos e morava em um pequeno apartamento de dois quartos em Nairóbi, no Quênia. Seu emprego em tempo integral em uma empresa local de logística mal pagava o suficiente para cobrir aluguel e alimentação, e sobrava muito pouco para qualquer outra coisa. Ele tinha sonhos — grandes sonhos — de viajar, abrir um negócio e ajudar seus irmãos mais novos a terminarem os estudos. Mas, como a maioria das pessoas ao seu redor, sentia-se preso. Os caminhos tradicionais para o sucesso — longos anos de estudo, grande capital inicial ou promoções corporativas — pareciam lentos e incertos, exigindo recursos que ele não tinha.

Então, um dia, enquanto navegava pelo YouTube, James encontrou um vídeo chamado "Ganhe 1.000 dólares por mês com ferramentas de IA — sem experiência necessária". Cético, mas curioso, ele clicou. O vídeo mostrava alguém usando o ChatGPT para escrever artigos de blog e automatizar respostas de atendimento ao cliente. Parecia bom demais para ser verdade. Mas quando James testou a ferramenta por conta própria, algo mudou. Ele digitou: "Escreva um artigo de 500 palavras sobre como iniciar um pequeno negócio no Quênia." Em segundos, a IA produziu um texto claro e bem estruturado. Ele ficou impressionado.

Naquela noite, quase não dormiu. Passou horas explorando ferramentas de IA: geradores de imagens, criadores de vídeo, clonadores de voz, escritores de documentos. Todas gratuitas. Todas disponíveis para ele naquele momento. Ele não precisava ser desenvolvedor. Nem precisava de um laptop — apenas de seu celular e uma conexão com a internet. E pela primeira vez em muito tempo, James se sentiu animado. Não estava intimidado nem sobrecarregado. Estava pronto.

Ele começou pequeno. Usou o ChatGPT para ajudar amigos a escrever e melhorar currículos. Depois publicou seus serviços em grupos locais do Facebook e em plataformas de freelancing como Fiverr. Seu primeiro cliente pagou 15 dólares para escrever descrições de produtos para uma loja online de roupas. Depois outro cliente pagou 30 dólares para reescrever textos de um site. A cada projeto, ele aprimorava seu processo, usando a IA para trabalhar mais rápido e entregar resultados melhores.

Ao final do primeiro mês, James havia ganho 312 dólares — mais do que uma semana inteira de salário em seu emprego principal. E ele não havia feito horas extras. Na verdade, dedicava menos de duas horas por dia ao seu trabalho paralelo. Animado com os resultados, investiu parte do dinheiro em ferramentas como Grammarly e Canva Pro, que deixaram seu trabalho ainda mais profissional. Começou então a oferecer pacotes de conteúdo para redes sociais, combinando textos gerados pelo ChatGPT com visuais criados no Canva e programando publicações para clientes no Quênia, na África do Sul e até no Reino Unido.

Com o tempo, sua reputação começou a crescer. Pequenos empresários adoravam sua rapidez e a qualidade profissional do trabalho. A maioria nem se importava que ele utilizasse IA — o que importava era que o trabalho fosse bem feito e entregue no prazo. Em quatro meses, James já ganhava consistentemente mais de 1.200 dólares por mês apenas com seu trabalho paralelo — mais do que em seu emprego fixo. Pela primeira vez, conseguia pagar todas as contas, enviar dinheiro para sua família e ainda começar a economizar.

O que mais surpreendeu James não foi o dinheiro — foi a simplicidade. O maior obstáculo sempre foi mental. Quando percebeu que a IA podia fazer cerca de 70% do trabalho, ele precisava apenas orientar os outros 30%. Não precisava mais criar tudo do zero. Bastava direcionar o processo, editar com intenção e entregar soluções. Ele se tornou a ponte entre o potencial da IA e as necessidades reais das pequenas empresas.

Certa noite, sentado no terraço de seu prédio, com o laptop aberto, uma brisa leve e uma xícara de café na mão, James sorriu. Ele ainda não era rico — mas era livre. Livre para trabalhar quando e onde quisesse. Livre para atender clientes de qualquer país. Livre para voltar a sonhar.

A jornada de James não é única. Em todo o mundo, pessoas como ele — estudantes, pais, aposentados — estão descobrindo ferramentas de IA e criando pequenas fontes de renda escaláveis. O que antes exigia equipes técnicas agora pode ser feito com alguns cliques. O que antes exigia capital agora exige curiosidade.

James muitas vezes pensa naquele vídeo aleatório do YouTube. O vídeo não mudou sua vida. Ele mudou — porque decidiu agir.

E agora, assim como James, você está diante de algo poderoso. As ferramentas estão prontas. A oportunidade é real. A única pergunta é: **você vai começar?**

Capítulo 2: Freelancing com IA — Venda Serviços Sem Fazer Todo o Trabalho

O trabalho freelancer sempre foi uma maneira poderosa de ganhar dinheiro online, mas com o crescimento da inteligência artificial ele se tornou dramaticamente mais fácil — e muito mais escalável. No passado, freelancers precisavam dominar a habilidade que estavam vendendo: design gráfico, copywriting, edição de vídeo, locução ou marketing. Hoje, você pode oferecer esses serviços sem ser especialista em nenhum deles — porque a IA pode fazer de 70% a 90% do trabalho por você. O segredo é aprender como posicionar, estruturar e entregar seus serviços usando ferramentas de IA para fazer o trabalho pesado.

Vamos começar entendendo como isso funciona. Como freelancer, seu trabalho é resolver um problema para um cliente. Talvez ele precise de um logotipo, um artigo para blog, um vídeo ou uma narração. Em vez de criar tudo manualmente, você usa ferramentas de IA para atender essa necessidade de forma rápida e acessível. Por exemplo, você pode usar o ChatGPT para escrever textos de marketing ou artigos de blog, Canva ou Looka para criar logotipos e gráficos empresariais, Pictory ou Opus Clip para criar conteúdo em vídeo e ElevenLabs para gerar narrações com voz humana. Você não está substituindo a habilidade humana — está acelerando a produção usando a IA como sua assistente criativa.

O modelo básico funciona assim: primeiro, escolha uma categoria de freelancing em que a IA se destaca — como escrita, conteúdo para redes sociais, descrições de produtos, e-mail marketing, gráficos simples ou vídeos curtos. Em seguida, crie dois ou três pacotes de serviços que expliquem claramente o que está incluído (por exemplo, "5 descrições de produtos com otimização SEO" ou "10 artes para Instagram com legendas"). Depois, use ferramentas de IA para realizar o trabalho quando os pedidos chegarem. A chave é a eficiência — a IA permite que você entregue mais em menos tempo sem sacrificar a qualidade.

Agora vamos falar sobre plataformas. Se você está começando, o Fiverr é uma das maneiras mais rápidas de listar seus serviços e ganhar visibilidade. Diferente de outros sites de freelancing onde você precisa disputar projetos, o Fiverr permite que você crie um perfil e deixe os clientes encontrarem você. Configure seu serviço com títulos claros e orientados a benefícios, como "Vou escrever artigos de blog com IA que ranqueiam no Google" ou "Vou criar posts incríveis para redes sociais usando IA". Certifique-se de que as imagens do seu anúncio sejam chamativas e inclua exemplos criados com IA para mostrar a qualidade do seu trabalho.

Outras plataformas interessantes para explorar incluem Upwork, PeoplePerHour, Legiit e até grupos no Facebook ou prospecção pelo LinkedIn. Mas lembre-se: o sucesso não vem de estar em todos os lugares, e sim de fazer uma coisa bem feita e acumular avaliações positivas. Se você entregar rápido, manter profissionalismo e se comunicar claramente, vai se destacar rapidamente. Os clientes não se preocupam com a forma como o trabalho é feito — eles se preocupam com o resultado e com o prazo.

Você também pode revender serviços gerados por IA. Esse modelo é chamado de "arbitragem digital". Imagine que um cliente no Upwork esteja pagando 150 dólares por um vídeo de produto. Você usa Pictory ou Synthesia para gerar um vídeo limpo com IA por 10 dólares ou até gratuitamente, faz alguns ajustes e entrega ao cliente. Você está essencialmente atuando como gerente de projeto e intermediário — conectando demanda às ferramentas certas. Isso permite oferecer vários serviços sem contratar equipe ou aprender todos os aspectos técnicos.

Com o tempo, você pode até transformar isso em uma microagência. Suponha que você se especialize em criação de conteúdo com IA para corretores de imóveis. Você poderia oferecer um pacote mensal que inclua 10 posts para Instagram, 4 artigos de blog e 2 vídeos curtos — todos gerados e editados com IA. Você gastaria apenas algumas horas por mês produzindo tudo, mas poderia ganhar centenas ou até milhares de dólares em renda recorrente. É aí que acontece a verdadeira mágica do freelancing com IA: escala.

Um dos maiores medos das pessoas é a chamada síndrome do impostor — pensamentos como "E se eu não for qualificado?" ou "E se o cliente descobrir que usei IA?". Mas a verdade é que os clientes não se importam com a forma como o trabalho é produzido — eles se importam com resultados. Na verdade, muitas empresas já esperam que freelancers usem ferramentas de IA. Você está economizando tempo e dinheiro para elas. Se o resultado final for de alta qualidade, consistente e acessível, elas continuarão contratando você — muitas vezes de forma recorrente.

Para ter sucesso como freelancer com IA, concentre-se em velocidade, clareza e profissionalismo. Entregue seus projetos antes do prazo. Responda rapidamente aos clientes. Supere expectativas nos primeiros trabalhos para construir provas sociais e avaliações positivas. Você não precisa de dezenas de clientes — precisa apenas de alguns que confiem em você. A partir daí, pode aumentar seus preços, otimizar seu processo de entrega e expandir seus serviços.

Neste capítulo, exploramos como você pode iniciar um trabalho freelancer sem habilidades tradicionais — usando IA para atender as necessidades dos clientes de forma eficiente.

Você pode oferecer copywriting, edição de vídeo, conteúdo para redes sociais, narrações, traduções e muito mais. A oportunidade é enorme e cresce todos os dias. No próximo capítulo, vamos mergulhar mais fundo na criação de conteúdo com IA — como escrever, projetar e distribuir ebooks, templates e produtos digitais que vendem automaticamente.

Mas, por enquanto, sua missão é simples: escolha um serviço freelancer, crie um perfil gratuito no Fiverr ou Upwork e teste usando IA. Não espere até que tudo esteja perfeito — comece imperfeito, melhore ao longo do caminho e deixe a IA ser seu superpoder.

Maria morava em Medellín, na Colômbia. Mãe solteira de dois filhos, ela havia perdido recentemente seu emprego como recepcionista quando o hotel em que trabalhava fechou durante uma crise econômica. Sem diploma universitário e com poucas economias, suas opções pareciam limitadas. Tentou vender lanches em escolas locais, ofereceu serviços de babá e até considerou deixar os filhos com parentes para procurar trabalho em outro país. Mas nada era consistente. Nada pagava o suficiente. E o estresse só aumentava.

Certa noite, depois que as crianças dormiram, Maria entrou no TikTok para relaxar. Foi então que viu um vídeo curto que mudaria sua vida. O vídeo mostrava alguém usando uma ferramenta chamada ChatGPT para escrever e-mails e ser pago por isso no Fiverr. A pessoa no vídeo dizia que não era escritora e nem falava inglês fluentemente — mas mesmo assim estava ganhando centenas de dólares por semana.

Maria ficou cética. Seu inglês não era perfeito, e ela não tinha experiência em escrever nada além de mensagens de texto. Mas algo naquele vídeo lhe deu esperança. Na manhã seguinte, ela abriu seu laptop antigo e digitou "ChatGPT" no Google. Em poucos minutos, estava conversando com um chatbot. Quando digitou "Você pode escrever uma descrição de produto para joias artesanais?", a IA respondeu instantaneamente com um texto claro e profissional. Seus olhos se arregalaram.

Naquele dia, ela passou horas explorando. Pediu ao ChatGPT para escrever e-mails, slogans, legendas para Instagram e descrições de produtos. Sempre funcionava. Foi então que percebeu: não precisava ser redatora — precisava apenas ser a diretora do processo. Se pudesse orientar a IA, editar os resultados e entregar algo bem acabado, poderia vender esse serviço.

Maria se cadastrou no Fiverr. Não pensou demais — escolheu um título simples: "Vou escrever descrições de produtos com SEO e legendas para redes sociais". Enviou alguns exemplos que havia gerado com ChatGPT e adicionou uma imagem colorida e alegre para a capa do serviço. Sem logotipo. Sem currículo. Apenas esforço e esperança.

Seu primeiro pedido chegou dois dias depois: uma vendedora de joias do Canadá queria dez descrições de produtos. Maria entrou em pânico por um momento — mas abriu o ChatGPT, inseriu os nomes dos produtos e começou a ajustar os resultados. Duas horas depois, entregou o trabalho. A cliente adorou. Deixou uma avaliação cinco estrelas e ainda uma gorjeta.

Aqueles primeiros 25 dólares pareceram um milhão. Não era apenas dinheiro — era prova. Prova de que alguém, em algum lugar, valorizava o que ela podia fazer.

Logo Maria expandiu. Criou novos serviços: escrita de artigos para blogs, conteúdo para Instagram e até e-mails de agradecimento para pequenas empresas. Aprendeu a usar o Canva para criar gráficos rápidos e o Grammarly para revisar seus textos. Clientes começaram a aparecer de todos os lugares — Estados Unidos, Austrália, Reino Unido e até do próprio país. Alguns começaram a oferecer trabalho recorrente toda semana.

Em três meses, Maria já ganhava mais de 600 dólares por mês. Pode não parecer muito em Nova York, mas em Medellín cobria aluguel, comida e material escolar — e ainda sobrava dinheiro. Mais importante ainda: ela não precisou deixar seus filhos. Trabalhava de casa, de manhã antes da escola e à noite depois que eles dormiam.

No sexto mês, criou pacotes de serviços. Por 150 dólares, ela escrevia dez legendas para redes sociais, criava os posts no Canva e programava as publicações usando Buffer. Tudo com ajuda da IA. Ela não escondia isso. Pelo contrário, dizia com orgulho que utilizava ferramentas de IA para trabalhar mais rápido e oferecer um serviço melhor. Os clientes adoravam a transparência — e apreciavam ainda mais os resultados.

Maria havia se tornado mais do que uma freelancer. Ela era uma empresária. Uma solucionadora de problemas. Uma provedora. E nada disso teria acontecido se ela tivesse esperado pelo inglês perfeito, um diploma sofisticado ou o "momento certo".

Hoje ela costuma dizer para outras mães da sua comunidade: "Você não precisa ser a melhor — só precisa começar."

A IA não substituiu Maria. Ela amplificou seu potencial. Deu a ela um novo conjunto de ferramentas para servir pessoas ao redor do mundo. E deu a seus filhos uma nova versão de sua mãe: presente, confiante e finalmente no controle de sua vida.

Capítulo 3: Vendendo Produtos Digitais Gerados por IA no Etsy, Gumroad e Outras Plataformas

Produtos digitais são uma das fontes de renda mais poderosas disponíveis hoje. Eles não exigem estoque, envio ou armazenamento — e o melhor de tudo, podem ser criados uma única vez e vendidos repetidamente, tornando-se ideais para gerar renda passiva. Com a inteligência artificial, você não precisa mais ser designer, escritor ou programador para criar produtos digitais de alta qualidade. Neste capítulo, vamos explorar como usar IA para criar e vender produtos digitais em plataformas como Etsy, Gumroad, Payhip e outras — mesmo que você esteja começando sem experiência e sem orçamento.

Um produto digital é qualquer item que pode ser baixado ou acessado online e que entrega valor a alguém. Isso inclui ebooks, guias, checklists, templates, planners, diários, cursos, materiais imprimíveis, livros de colorir, planilhas e até arte digital. A grande vantagem dos produtos digitais é que eles não custam nada para reproduzir — suas margens de lucro podem chegar perto de 100%. Depois que o produto é criado e enviado para um marketplace, ele pode ser vendido repetidamente sem que você precise fazer mais nada.

Ferramentas de IA tornam todo esse processo extremamente simples. Por exemplo, você pode usar o ChatGPT para escrever ebooks, planners ou guias de negócios. Quer criar um plano alimentar de 30 dias? Peça ao ChatGPT para organizar refeições, listas de compras e dicas. Quer criar um controle de finanças pessoais? Use Google Sheets com a ajuda do ChatGPT para estruturar e formatar a planilha. Depois, melhore o design no Canva, usando templates de arrastar e soltar para dar uma aparência profissional ao produto.

Para produtos visuais ou imprimíveis — como quadros decorativos, cartões de afirmações ou planners de casamento — ferramentas como Canva, Midjourney e DALL·E podem gerar imagens e layouts de páginas com base no que você descreve. Basta escrever o que deseja, ajustar os resultados e organizar tudo em um arquivo PDF, PNG ou JPG. Você pode criar um produto completo em uma única tarde, publicá-lo em um marketplace e começar a vender em menos de 24 horas.

Depois que seu produto estiver pronto, o próximo passo é a distribuição. O Etsy é um enorme marketplace para produtos imprimíveis, diários e templates. É gratuito abrir uma loja, e cada anúncio custa apenas US$0,20. Você não precisa imprimir nada — os clientes fazem o download dos arquivos após a compra. Certifique-se de criar um título claro para o produto, adicionar imagens atraentes de apresentação (que podem ser criadas no Canva ou Placeit) e escrever uma descrição focada nos benefícios. O SEO é importante aqui – use palavras-chave como "planner de orçamento para mães", "checklist de casamento" ou "cartões de afirmações para ansiedade" para aparecer nas buscas do Etsy.

Se quiser mais controle e menos taxas, considere usar Gumroad ou Payhip. Essas plataformas permitem vender diretamente para seu público através de um link — perfeito para criadores no YouTube, TikTok ou Instagram. Você pode adicionar botões de compra em seu blog, enviar campanhas de e-mail ou trabalhar com afiliados que promovam seu produto em troca de uma comissão por venda. O Gumroad oferece análises integradas, códigos de desconto e coleta de e-mails de clientes — o que o torna uma excelente opção para escalar vendas.

Que tipos de produtos vendem bem? Observe as tendências. Visite o Etsy ou Gumroad e pesquise as categorias mais vendidas. Você frequentemente encontrará:

Planners de casamento
Controladores de orçamento
Diários digitais
Rastreadores de hábitos diários
Livros de atividades para crianças
Calendários de conteúdo para redes sociais
Templates de currículo

Planejadores de ideias de negócios

Materiais imprimíveis de fitness ou nutrição

Esses produtos geralmente são criados no Canva, escritos com ajuda de IA e exportados como downloads digitais. Você não precisa reinventar a roda — basta organizar uma demanda existente de forma mais clara, simples ou específica.

O preço também é importante. Comece com valores acessíveis — entre US$5 e US$15 para imprimíveis ou templates. Conforme sua loja cresce e sua reputação aumenta, você pode criar pacotes e kits digitais com preços maiores. Alguns vendedores chegam a faturar entre US$1.000 e US$10.000 por mês com menos de 20 produtos, simplesmente porque seus anúncios são otimizados para SEO, visualmente atraentes e resolvem um problema real.

Uma das maiores oportunidades é combinar conteúdos gerados por IA em pacotes ou bibliotecas temáticas. Por exemplo, em vez de vender apenas um planner de orçamento, você pode criar um "Kit Inicial de Liberdade Financeira" que inclui três planners, dois checklists e um mini guia. Com IA, isso leva apenas algumas horas extras — e permite cobrar muito mais pelo produto.

A consistência é fundamental. Em vez de lançar apenas um produto e esperar sucesso imediato, comprometa-se a lançar um novo produto por semana durante um mês. Otimize seus anúncios, colete avaliações e teste diferentes preços. Aprenda com o que vende. Em pouco tempo, você terá uma loja que gera renda mesmo enquanto dorme.

No próximo capítulo, exploraremos como usar essas mesmas habilidades para lançar e automatizar um negócio de publicação de ebooks com IA — incluindo audiolivros. Mas, por enquanto, comece com uma ideia simples de produto digital. Use IA para escrever, projetar e exportar o produto. Crie sua loja no Etsy, Gumroad ou Payhip. E publique. Sua primeira venda pode estar a apenas alguns cliques de distância.

Vamos falar um pouco sobre Leila. Leila era professora do ensino fundamental nas Filipinas. Apaixonada pela educação e conhecida por suas planilhas e atividades extremamente organizadas, ela adorava seus alunos — mas as longas horas de trabalho e o salário baixo estavam começando a desgastá-la. Quando a pandemia começou, sua renda caiu drasticamente e ela começou a procurar maneiras de complementá-la. Uma amiga mencionou "vender materiais imprimíveis no Etsy", mas Leila descartou a ideia. Ela não era designer, não sabia muito sobre negócios online e não tinha ideia de por onde começar.

Mas uma noite, enquanto navegava em um grupo de professores no Facebook, ela viu uma postagem que mudou sua forma de pensar. Uma mulher no Brasil havia ganhado mais de US$1.000 em um único mês vendendo planners digitais criados com IA e Canva. A mulher explicou como usou ChatGPT para escrever os prompts do planner e Canva para criar o layout — sem tecnologia avançada, apenas ferramentas simples e criatividade. Leila ficou intrigada.

Ela decidiu dar a si mesma uma semana para tentar.

Abriu o ChatGPT e escreveu: "Crie 30 perguntas de diário para adolescentes lidarem com estresse." Em segundos, a lista apareceu. Depois pediu: "Crie um planner de gratidão simples de 4 semanas com frases motivacionais." Outro resultado imediato. Copiou o texto para o Canva usando um dos templates gratuitos de planner, adicionou algumas cores, ícones gratuitos da biblioteca do Canva e exportou o arquivo como PDF.

Ela listou seu "Diário de Bem-Estar Mental para Adolescentes" no Etsy por US$5. Não custou nada para criar. Usou o Canva para fazer imagens de apresentação — a capa do diário digital e uma prévia das páginas — e escreveu uma breve descrição com palavras-chave como diário para ansiedade adolescente e printable de saúde mental. Sua primeira venda aconteceu cinco dias depois. Depois vieram mais duas na semana seguinte. Uma cliente deixou uma avaliação maravilhosa dizendo que sua filha havia começado a escrever no diário todas as noites.

Animada, Leila criou mais produtos. Um rastreador de orçamento para estudantes. Um template de quadro de visão digital. Um planner imprimível para ensino doméstico. Cada produto levava menos de um dia para criar usando ChatGPT para o conteúdo e Canva para o design. Ela publicou todos no Etsy, depois também no Gumroad e começou a compartilhá-los no Pinterest. Lentamente, sua loja começou a crescer.

Ao final do segundo mês, ela tinha 12 produtos e havia ganhado US$385 em vendas digitais. O verdadeiro ponto de virada aconteceu quando criou um pacote: "Kit Completo de Desenvolvimento para Adolescentes", que incluía cinco de seus planners em um único download. O pacote custava US$14,99 — e se tornou seu produto mais vendido. Os pais adoraram. Professores compraram para salas de aula inteiras. Leila até recebeu um e-mail de uma orientadora escolar perguntando se ela poderia criar uma versão personalizada para os alunos da escola.

Leila deixou de se ver apenas como "uma professora". Agora era uma criadora digital. Seus produtos ajudavam pessoas — não apenas nas Filipinas, mas em todo o mundo. E continuavam vendendo enquanto ela dormia, cozinhava ou brincava com sua sobrinha. A sensação de ganhar dinheiro de forma passiva mudou completamente sua visão sobre tempo, trabalho e liberdade.

Com o tempo, Leila usou seus ganhos para aceitar um cargo de professora em meio período em vez de tempo integral, liberando mais horas para expandir sua loja. Criou novas linhas de produtos temáticos, ofereceu diários personalizados e começou a experimentar adesivos digitais e páginas de colorir. Sua confiança crescia a cada download.

Sua parte favorita? Ela não precisou ser especialista em tecnologia. A IA e o Canva se tornaram seus parceiros silenciosos. Ajudaram-na a criar mais rápido e com mais eficiência do que ela jamais conseguiria sozinha.

Leila frequentemente se lembra daquele primeiro planner que publicou com as mãos tremendo. "Ele não precisava ser perfeito", ela diz. "Ele só precisava existir."

E essa é a lição para qualquer pessoa que está começando. Seu primeiro produto não será o melhor — mas pode ser exatamente o que abrirá as portas para algo muito maior.

Capítulo 4: Criando Ebooks e Audiolivros Gerados por IA para Renda Passiva

Ebooks e audiolivros são algumas das formas mais poderosas de "imóveis digitais" na economia online atual. Depois de criados, eles podem gerar renda passiva por anos — sem envio, estoque ou atendimento ao cliente. E agora, graças à inteligência artificial, qualquer pessoa pode se tornar um autor publicado ou criador de audiolivros, mesmo sem experiência em escrita, sem editora e sem treinamento em narração. Neste capítulo, vamos explicar como usar IA para escrever, formatar, publicar e até narrar ebooks e audiolivros, tudo a partir de casa.

Vamos começar pelos ebooks. No passado, escrever um livro levava meses — talvez até anos. Agora, com a ajuda do ChatGPT, você pode gerar conteúdo de alta qualidade rapidamente e estruturá-lo em capítulos. A chave é começar com um tema ou público específico. Por exemplo, em vez de escrever "Como começar um negócio", você poderia escrever "Como iniciar um negócio de redação freelancer em 30 dias". Quanto mais específico for o tema, maior será a chance de se destacar e atrair compradores.

Depois de escolher o tema, use o ChatGPT para criar o esboço do livro. Peça que ele gere uma estrutura capítulo por capítulo e depois desenvolva cada capítulo com exemplos, etapas práticas e explicações. Edite o conteúdo conforme necessário para adicionar toques pessoais ou relevância regional. Você também pode pedir ao ChatGPT para reescrever em um tom específico — casual, profissional, humorístico ou inspirador. Isso dará personalidade ao seu livro e ajudará a criar conexão com os leitores.

Depois que o conteúdo estiver pronto, formate-o no Google Docs ou Microsoft Word e exporte como PDF. Para publicar na Amazon Kindle, você usará o KDP (Kindle Direct Publishing) — uma plataforma gratuita que permite enviar seu ebook, definir o preço e alcançar leitores no mundo inteiro. Você precisará de uma capa (que pode ser criada no Canva) e de uma descrição com palavras-chave relevantes. Seu livro será listado na Amazon em até 72 horas e você começará a ganhar royalties sempre que alguém comprar ou baixar uma cópia.

Mas o verdadeiro divisor de águas é transformar seu ebook em um audiolivro. Audiolivros são o segmento que mais cresce na indústria editorial atualmente. Muitas pessoas preferem ouvir enquanto dirigem, se exercitam ou realizam várias tarefas ao mesmo tempo. E graças a ferramentas de IA como ElevenLabs, você pode criar narrações realistas a partir do conteúdo do seu ebook — sem precisar de estúdio.

Para criar um audiolivro narrado por IA, copie cada capítulo do seu ebook e cole no ElevenLabs ou em uma ferramenta semelhante, escolha uma voz (existem dezenas de opções, masculinas e femininas, com diferentes sotaques) e exporte a narração em formato MP3. Para deixar o resultado mais profissional, use o Audacity (uma ferramenta gratuita de edição de áudio) para remover pausas longas, ajustar o ritmo e adicionar música de introdução e encerramento. Assim você terá um audiolivro completo.

Você pode vender seu audiolivro no Findaway Voices, que distribui para plataformas como Audible, Spotify, Apple Books e outras. Outra opção é usar Gumroad ou Payhip e vender diretamente para seu público por meio de um link de download. Se você já tem audiência no YouTube ou Instagram, isso permite manter uma parte maior do lucro enquanto constrói um relacionamento direto com seus ouvintes.

Sobre o que deve ser seu ebook? Foque em resolver um problema. Por exemplo:

"Correção Financeira em 30 Dias: Como Sair das Dívidas Rápido"
"Planejamento de Refeições para Mães Ocupadas"
"Como Iniciar uma Carreira Freelancer Sem Experiência"
"O Guia do Introvertido para Vender Online"
"Treinos em Casa para Idosos: Uma Rotina Diária de 15

Minutos"

Use ferramentas como ChatGPT, BookBolt ou as listas de mais vendidos da Amazon Kindle para pesquisar o que já está vendendo — e então crie sua própria abordagem única.

O preço depende do mercado. Ebooks na Amazon geralmente variam entre US$2,99 e US$9,99. Audiolivros podem custar entre US$7 e US$25 ou mais. Quando combinados, você pode criar pacotes de valor — especialmente se oferecer o PDF + áudio + checklist bônus.

Consistência e volume são seus aliados. Muitos autores bem-sucedidos publicam vários livros curtos (de 30 a 80 páginas) em diferentes nichos. Com IA, você pode escrever e publicar um novo ebook a cada uma ou duas semanas. Com o tempo, um catálogo de 10 a 20 livros pode gerar centenas ou até milhares de dólares por mês, mesmo sem publicidade.

Resumindo: a IA torna escrever e narrar livros mais acessível do que nunca. Com as ferramentas certas, um tema claro e uma estratégia de publicação, você pode criar uma fonte de renda que cresce ao longo do tempo. No próximo capítulo, exploraremos como usar IA para criar e expandir canais de YouTube sem aparecer em câmera, capazes de gerar renda automaticamente. Mas, por enquanto, escolha seu tema, crie um esboço com IA e dê o primeiro passo para se tornar um autor publicado — sem precisar de aprovação de ninguém.

De guarda de segurança a empreendedor digital.

Omar era um guarda de segurança noturno no Marrocos. Seu trabalho era silencioso, rotineiro e pagava apenas o suficiente para cobrir o básico — aluguel, comida e ajudar seus pais. Mas, com longos turnos durante a madrugada e horas intermináveis de silêncio, ele frequentemente se pegava sonhando acordado. Sempre gostou de livros, especialmente de desenvolvimento pessoal e finanças. Sonhava em escrever um, mas toda vez que tentava começar, ficava sobrecarregado. O inglês não era sua primeira língua. Ele não sabia por onde começar. E a ideia de publicar um livro parecia impossível.

Certa noite durante o trabalho, ele leu um artigo online sobre usar o ChatGPT para escrever ebooks. O autor afirmava ter publicado cinco livros em 30 dias e estar ganhando mais de US$1.500 por mês em royalties. Parecia absurdo. Mas a curiosidade falou mais alto e Omar decidiu tentar.

Ele abriu o ChatGPT no celular e digitou: "Crie um esboço para um ebook curto chamado 'Como Economizar Seus Primeiros US$1.000'." Instantaneamente, a IA gerou uma estrutura de 10 capítulos com conselhos práticos. Ele pediu para expandir o capítulo 1. Depois o capítulo 2. Em menos de 30 minutos, já tinha quase 2.000 palavras escritas — claras, organizadas e melhores do que qualquer coisa que ele teria escrito sozinho.

Na noite seguinte, ele revisou o conteúdo, adicionou exemplos pessoais de sua própria jornada economizando dinheiro e formatou os capítulos no Google Docs. Passou horas no Canva criando uma capa simples: um cofrinho, uma fonte limpa e um esquema de cores azul e branco. Não era perfeita, mas parecia profissional.

Ele criou uma conta no Amazon KDP, enviou o arquivo e clicou em "Publicar".

Três dias depois, seu livro apareceu na Amazon.

Omar mal podia acreditar. Um livro com seu nome. Ao vivo. Público. À venda. Ele compartilhou o link com amigos, publicou em alguns grupos de finanças no Facebook e esperou. Uma semana se passou. Então, uma manhã, recebeu um e-mail: "Você ganhou US$2,09 em royalties." Alguém havia comprado seu ebook.

Parecia que ele tinha ganhado na loteria. Não pelo dinheiro — mas porque aquilo provava que o sistema funcionava.

Ele publicou outro. Depois mais um. Criou uma pequena série sobre orçamento, renda extra e investimentos para iniciantes — todos escritos com ajuda do ChatGPT, formatados no Canva e cada um um pouco melhor que o anterior. Colocou o preço de US$4,99 em cada ebook e publicava um novo a cada dez dias. As vendas começaram a aparecer lentamente.

Então veio a grande ideia.

E se ele transformasse esses ebooks em audiolivros?

Ele encontrou uma ferramenta chamada ElevenLabs que permitia colar texto e convertê-lo em uma narração realista. Escolheu uma voz masculina confiante com sotaque neutro e começou a converter seus livros capítulo por capítulo. Usando um aplicativo gratuito chamado Audacity, limpou o áudio, adicionou uma introdução e um encerramento com música suave de fundo e exportou tudo em formato MP3.

Ele enviou seu primeiro audiolivro para o Findaway Voices e selecionou distribuição para Spotify, Audible e Apple Books. Algumas semanas depois, recebeu outro e-mail: "Seu audiolivro gerou US$17,54."

Não era uma fortuna — mas era prova de conceito. Ele havia criado algo que ganhava dinheiro enquanto ele dormia, caminhava para o trabalho ou ficava sentado silenciosamente em seu posto de segurança. Seu trabalho não havia mudado — mas seu futuro sim.

Hoje Omar estabeleceu uma meta: publicar um ebook e um audiolivro a cada duas semanas. Ele já tem mais de uma dúzia de títulos. Alguns vendem apenas uma ou duas cópias por mês. Outros geram mais de US$100 mensais de forma consistente. Juntos, eles produzem mais de US$600 por mês — o mesmo que seu salário. E continuam crescendo.

O que ele mais gosta não é o dinheiro. É a liberdade. Ele não precisa correr atrás de clientes, trabalhar horas extras ou lidar com devoluções. Seus livros ajudam pessoas. Eles resolvem problemas. E existem porque Omar parou de esperar e começou a criar — com a ajuda da inteligência artificial.

Ele costuma dizer aos amigos: "Você não precisa ser escritor. Só precisa ter uma história, uma habilidade ou uma lição. A IA pode ajudar com o resto."

E agora, graças a um chatbot gratuito, uma conta no Canva e um turno noturno silencioso, Omar é um autor. Um editor. E um homem construindo riqueza — uma página digital de cada vez.

Capítulo 5: Criando Canais no YouTube Sem Aparecer Usando Ferramentas de IA

O YouTube se tornou uma das plataformas mais lucrativas do planeta, com milhões de criadores ganhando dinheiro por meio de receita de anúncios, comissões de afiliados, patrocínios e vendas de produtos. Mas aqui está a grande mudança: você não precisa mais aparecer na câmera, gravar sua própria voz ou editar vídeos manualmente para construir um canal de sucesso. Com o poder da inteligência artificial, você pode lançar um canal no YouTube sem mostrar o rosto e transformá-lo em uma fonte de renda escalável — mesmo que nunca tenha criado um vídeo antes.

O modelo de "YouTube sem rosto" significa exatamente isso: você nunca mostra seu rosto. O conteúdo é criado usando ferramentas de IA para gerar roteiros, vozes, imagens e edição. Esses canais estão prosperando em nichos como motivação, finanças, tecnologia, história, viagens, relacionamentos e produtividade. O público assiste pelo valor do conteúdo, não pelo rosto do criador. E isso representa uma grande oportunidade.

Veja como esse modelo funciona passo a passo.

Primeiro, escolha um nicho. Deve ser um tema que você goste ou que tenha demanda comprovada. Nichos amigáveis para iniciantes incluem "dicas para economizar dinheiro", "motivação diária", "notícias sobre IA", "resumos de livros" ou "dicas de produtividade". Use a busca do YouTube para validar sua ideia — digite possíveis temas e veja quantas visualizações os principais vídeos estão recebendo. Procure canais com muitas visualizações, mas sem marca pessoal forte ou rosto na tela. Esse é o sinal verde.

Em seguida, use ChatGPT ou Claude AI para escrever os roteiros dos vídeos. Peça para criar um roteiro de 1 a 3 minutos com base no tema escolhido. Por exemplo: "Escreva um roteiro de 90 segundos sobre os hábitos de pessoas ricas." Você pode solicitar um tom específico — educativo, humorístico ou dramático — e depois ajustar o texto para combinar com seu estilo. Em poucos segundos você terá seu roteiro pronto.

Para transformar o roteiro em áudio, use ferramentas como ElevenLabs ou Play.ht. Elas convertem texto em narração realista, com diferentes sotaques, gêneros e tons de voz. Escolha uma voz que combine com o estilo do seu conteúdo e exporte o arquivo de áudio. Nesse ponto, você já está na metade do processo.

Para o vídeo, existem várias opções. A mais simples é usar ferramentas como Pictory, InVideo ou Opus Clip. Esses softwares de vídeo com IA pegam seu roteiro ou narração e geram automaticamente imagens e cenas. Eles utilizam clipes de vídeo livres de direitos autorais, adicionam legendas e sincronizam a voz com as imagens. Você pode personalizar o visual, adicionar transições, música e identidade visual — tudo com um sistema simples de arrastar e soltar. Muitas dessas ferramentas oferecem testes gratuitos ou planos acessíveis, ideais para iniciantes.

Quando o vídeo estiver pronto, publique-o no YouTube. Use ferramentas como TubeBuddy ou vidIQ para otimizar o título, a descrição, as tags e a miniatura — fatores que influenciam diretamente na descoberta do seu conteúdo. Você pode criar miniaturas chamativas no Canva, com textos grandes e imagens fortes que combinem com seu nicho. Manter um estilo consistente ajuda o público a reconhecer sua identidade visual.

Agora vamos falar sobre monetização. O YouTube paga através do Programa de Parcerias do YouTube, que exige 1.000 inscritos e 4.000 horas de exibição para ativar a monetização. Mas você não precisa esperar para ganhar dinheiro. Também é possível monetizar através de:

Adicionar links de afiliados na descrição do vídeo (produtos da Amazon, softwares, ferramentas digitais)
Promover seus próprios produtos digitais, como ebooks ou

planners
Receber patrocínios ou menções pagas
Reutilizar seus vídeos em Instagram Reels, TikTok ou Facebook para gerar receita adicional

Com IA, você pode publicar vários vídeos por semana com pouco investimento de tempo. Alguns criadores publicam vídeos motivacionais diariamente usando voz de IA e imagens de banco de vídeos. Outros fazem conteúdos semanais como "Ferramentas de IA da Semana". Há também canais focados em storytelling ou resumos — tudo sem aparecer na câmera.

O que torna esse modelo tão escalável é o sistema. Depois que você cria um processo, pode delegar ou automatizar cada etapa — geração de ideias, roteiros, voz, vídeo e publicação. Também é possível produzir vários vídeos de uma só vez para semanas inteiras. E se um vídeo viralizar, todo o seu canal pode crescer rapidamente.

A consistência é fundamental. Muitos criadores de canais sem rosto publicam três vídeos por semana ou até diariamente para treinar o algoritmo e acelerar o crescimento. Você não precisa de equipamentos caros ou estúdio profissional. Precisa de boas ideias, mensagens claras e conteúdo de qualidade impulsionado pela IA.

Resumindo: você pode construir um canal no YouTube sem mostrar o rosto combinando ChatGPT para roteiros,

ElevenLabs para narração e Pictory ou InVideo para edição de vídeo. Com um nicho inteligente e publicações regulares, isso pode se tornar um trabalho paralelo extremamente lucrativo ou até um negócio em tempo integral — sem nunca precisar aparecer na câmera.

No próximo capítulo, vamos explorar o marketing de afiliados com IA — como usar conteúdo e ferramentas para ganhar comissões promovendo produtos de outras pessoas. Mas primeiro, pense em cinco ideias de vídeo, crie seu primeiro roteiro sem rosto e publique seu primeiro conteúdo. O algoritmo está esperando.

Agora vamos falar sobre a história de Niko.

Niko era um estudante universitário de 21 anos na Grécia, cursando economia, mas muito mais interessado em tecnologia e desenvolvimento pessoal do que em qualquer livro acadêmico. Ele tinha uma personalidade reservada e não gostava de ser o centro das atenções. A ideia de se tornar um YouTuber sempre o intrigou — pelo potencial de renda, liberdade e criatividade — mas falar para uma câmera, editar vídeos por horas e lidar com críticas o impediam de tentar.

Um dia, enquanto assistia a vídeos sobre ferramentas de IA no YouTube, ele encontrou um vídeo curto chamado: "Como criei um canal no YouTube sem mostrar meu rosto ou usar minha voz." O vídeo explicava o conceito de canais sem rosto alimentados por IA — com roteiros do ChatGPT, narrações do ElevenLabs e vídeos criados com ferramentas como Pictory ou InVideo. Parecia um atalho secreto. E era exatamente o que Niko estava esperando.

Naquela mesma noite, ele escolheu um nicho que já adorava: conteúdo motivacional. Ele havia lido dezenas de livros sobre mentalidade, sucesso e produtividade — e sabia que as pessoas buscavam pequenas doses diárias de inspiração. Abriu o ChatGPT e escreveu: "Crie um roteiro motivacional de 90 segundos baseado nos hábitos de pessoas bem-sucedidas." Em segundos, recebeu um monólogo bem estruturado. Ajustou algumas frases para torná-lo mais pessoal e colocou o texto no ElevenLabs, escolhendo uma voz calma e confiante com leve sotaque britânico.

Depois usou o Pictory para carregar o áudio e permitir que o software combinasse automaticamente com vídeos de banco de imagens — rotinas matinais, pessoas correndo, paisagens urbanas e pores do sol. Adicionou música de fundo cinematográfica e legendas em destaque. Em menos de duas horas, tinha seu primeiro vídeo completo.

Niko publicou o vídeo no YouTube com o nome Daily Uplift e criou uma miniatura simples no Canva: texto branco em negrito sobre fundo preto e dourado com a frase "Mude Sua

Vida em 90 Segundos". Ele adicionou palavras-chave como motivação, hábitos de sucesso e autodisciplina.

Ele não esperava muito. Mas nas primeiras 48 horas, o vídeo recebeu 312 visualizações — muito mais do que qualquer coisa que ele já havia publicado antes. Então veio a surpresa: alguém deixou um comentário dizendo: "Era exatamente disso que eu precisava hoje. Inscrito."

Animado, Niko criou outro vídeo no dia seguinte. Depois mais um. Publicava consistentemente três ou quatro vezes por semana usando o mesmo processo: ChatGPT para o roteiro, ElevenLabs para a voz e Pictory para as imagens. Em um mês, já tinha mais de 1.000 inscritos. Um vídeo chamado "A Regra dos 5 Minutos para Fazer Qualquer Coisa" ultrapassou 25.000 visualizações.

Ele não estava apenas criando conteúdo — estava construindo uma marca.

Após 90 dias, seu canal foi aprovado para monetização no YouTube. A receita de anúncios começou a aparecer — 12 dólares, 26 dólares, 57 dólares. Ainda não era algo que mudasse sua vida, mas era consistente e, mais importante, escalável. Seu antigo trabalho de meio período como garçom pagava menos por hora do que ele estava ganhando com a receita de anúncios de uma semana de vídeos.

À medida que sua audiência crescia, ele começou a adicionar links de afiliados nas descrições: livros que mencionava, ferramentas que usava e cursos sobre produtividade. Criou um ebook gratuito usando ChatGPT chamado "Hábitos Diários das Pessoas Mais Bem-Sucedidas do Mundo" e o ofereceu como material gratuito para construir uma lista de e-mails.

A parte mais interessante? Ninguém na universidade sabia. Seus amigos não tinham ideia de que "Niko, o introvertido" estava por trás de um canal com milhares de visualizações e renda crescente. Ele preferia assim.

Mais tarde, criou um segundo canal — desta vez focado em pequenos documentários usando as mesmas ferramentas de IA. Era sem rosto. Automatizado. E permitia criar conteúdo em escala sem se esgotar.

Niko costuma refletir sobre o quão perto esteve de nunca tentar. "Se eu tivesse esperado me sentir confiante, ainda estaria esperando", ele diz.

Graças à IA, um estudante introvertido sem habilidades de edição e sem interesse em aparecer na câmera construiu um ativo digital que trabalha 24 horas por dia. Ele transformou uma voz — mesmo que não fosse a sua própria — em renda, influência e independência.

Capítulo 6: Marketing de Afiliados com IA — Ganhe Comissões Sem Ter um Produto

O marketing de afiliados é uma das formas mais simples e de baixo risco para ganhar dinheiro online — e quando combinado com inteligência artificial, torna-se ainda mais poderoso. A ideia é simples: você promove produtos ou serviços de outras pessoas e, quando alguém faz uma compra através do seu link exclusivo, você ganha uma comissão. Você não precisa criar um produto, oferecer suporte ao cliente ou lidar com reembolsos. Tudo o que precisa é de um público e de uma forma convincente de mostrar o valor do que está promovendo. A IA torna essas duas tarefas muito mais fáceis.

Para começar no marketing de afiliados, primeiro você precisa encontrar um produto para promover. Pode ser um produto físico, um curso digital, um software ou até um serviço por assinatura. Algumas das redes de afiliados mais populares incluem Amazon Associates, ClickBank, ShareASale, Impact e Digistore24. Se o seu foco for software, plataformas como PartnerStack, GetResponse, ConvertKit e Jasper AI oferecem comissões recorrentes generosas — o que significa que você continua ganhando enquanto o cliente permanecer assinante.

Depois de escolher o produto, o próximo passo é criar conteúdo em torno dele — e é aí que a IA se destaca. Em vez de ter dificuldade para escrever blogs, gravar vídeos ou criar materiais de marketing, você pode usar IA para fazer grande parte do trabalho. Por exemplo, use o ChatGPT para escrever um artigo como "As 5 Melhores Ferramentas para Negócios Online em 2025" e inclua seus links de afiliado no texto. Você também pode pedir ao ChatGPT para gerar sequências de e-mails, legendas para redes sociais, comparações de produtos e até roteiros para vídeos no YouTube — tudo adaptado ao produto que está promovendo.

Imagine que você esteja promovendo uma ferramenta de vídeo com IA como o Pictory. Você poderia usar o ChatGPT para escrever um roteiro comparando o Pictory com a edição de vídeo tradicional. Em seguida, usar o ElevenLabs para transformar esse roteiro em uma narração, e criar um vídeo demonstrativo usando o próprio Pictory. Publique esse vídeo no YouTube e inclua seu link de afiliado na descrição. Adicione um comentário fixado com o link e um incentivo para clicar ("Teste grátis por 7 dias!"). Você acabou de criar um ativo de conteúdo altamente persuasivo que trabalha para você 24 horas por dia.

Para plataformas como TikTok, Instagram ou Pinterest, use o Canva para criar capas de vídeo curtas, infográficos ou carrosséis que expliquem os benefícios do produto.

Ferramentas como Opus Clip podem transformar um vídeo longo do YouTube em vários vídeos curtos verticais prontos para publicação. Adicione seu link de afiliado na biografia ou use ferramentas como Linktree para reunir várias ofertas.

Uma das melhores maneiras de aumentar seus ganhos com afiliados é construir uma lista de e-mails. Ofereça um recurso gratuito — como um checklist, ebook ou mini curso — em troca do e-mail da pessoa. Use IA para criar esse material rapidamente, muitas vezes em apenas uma tarde. Depois, envie e-mails de acompanhamento recomendando produtos afiliados, junto com dicas úteis ou histórias. O e-mail marketing é poderoso porque permite acompanhar seu público ao longo do tempo — e muitas pessoas precisam ver uma oferta entre três e sete vezes antes de comprar.

Lembre-se sempre de focar no valor primeiro. O marketing de afiliados funciona melhor quando você realmente ajuda alguém a resolver um problema ou alcançar um objetivo. Não publique apenas um link aleatório esperando cliques. Crie conteúdo que eduque, entretenha ou informe — e então inclua seu link como o próximo passo lógico. Isso cria confiança, o que leva a mais cliques e conversões.

Muitos afiliados que usam IA com sucesso escolhem um nicho específico e constroem um sistema simples de conteúdo ao redor dele. Por exemplo:

Um nômade digital cria um canal no YouTube analisando ferramentas de trabalho remoto e promove links de afiliados de aplicativos de produtividade.

Um entusiasta de fitness cria um blog com ajuda do ChatGPT sobre treinos em casa e inclui links para equipamentos ou suplementos.

Um professor usa Instagram Reels para compartilhar dicas educacionais e promove o Canva Pro para educadores com um link de indicação especial.

À medida que seu conteúdo cresce, seu alcance também cresce — e sua renda aumenta. Um único artigo de blog, um vídeo no YouTube ou um Reel viral pode gerar comissões por meses ou até anos.

Por fim, acompanhe seus resultados. Use links UTM ou o painel da sua plataforma de afiliados para monitorar quais conteúdos convertem melhor. Depois concentre seus esforços no que funciona. A IA permite testar rapidamente diferentes títulos, abordagens, designs e formatos — oferecendo uma vantagem de marketing que, alguns anos atrás, custaria milhares de dólares.

Resumindo: o marketing de afiliados permite ganhar comissões sem precisar criar um produto. Com ferramentas de IA como ChatGPT, ElevenLabs, Canva e Pictory, você pode criar blogs, vídeos, e-mails e materiais visuais em minutos.

Quando combinado com o produto certo e o público certo, isso se torna um modelo de negócio escalável e sustentável — ideal tanto para quem quer uma renda extra quanto para criadores em tempo integral.

No próximo capítulo, exploraremos como criar e vender cursos online usando inteligência artificial, mesmo que você nunca tenha ensinado antes. Mas primeiro, escolha um produto que você realmente goste, crie seu primeiro conteúdo usando IA e publique-o. Você pode estar a apenas um bom link de distância da sua primeira comissão.

Os Pagamentos Passivos de Priya

Priya morava em uma pequena cidade perto de Mumbai, na Índia. Ex-atendente de atendimento ao cliente, ela havia deixado o emprego recentemente para cuidar de sua filha recém-nascida. O dinheiro estava curto, mas ela não buscava um trabalho em tempo integral — apenas uma maneira de ganhar um pouco mais de casa. Certa noite, enquanto alimentava sua filha, ela encontrou um vídeo no YouTube explicando o marketing de afiliados — a ideia de ganhar dinheiro recomendando produtos online.

A frase que chamou sua atenção foi: "Sem produto? Sem problema." Parecia perfeito.

Durante a semana seguinte, ela mergulhou nesse universo. Descobriu que algumas pessoas ganhavam milhares de dólares por mês promovendo produtos que não criaram — especialmente softwares, ebooks e serviços online. Mas também percebeu que muitos deles tinham sites grandes, listas de e-mail ou canais populares no YouTube. Priya não tinha nada disso. Mesmo assim, ela tinha tempo, curiosidade e uma conexão com a internet.

Então decidiu começar pequeno. Escolheu um produto que realmente usava e adorava — uma plataforma de design gráfico chamada Canva. Ela usava o Canva todos os dias para criar imagens com frases e cartões de aniversário para a família, então promovê-lo parecia natural. Inscreveu-se no programa de afiliados e recebeu seu link exclusivo de rastreamento.

Depois abriu o ChatGPT e perguntou: "Você pode escrever um artigo chamado '5 Ferramentas Gratuitas que Facilitam a Vida de Mães Ocupadas'?" O ChatGPT entregou um artigo claro e útil em menos de cinco minutos. Ela pediu para adicionar um pequeno parágrafo sobre o Canva com seu link de afiliado. Criou um blog gratuito usando a plataforma Blogger do Google, colou o artigo e clicou em publicar.

Nos primeiros dias, nada aconteceu. Mas então um visitante chegou. Depois dois. Depois dez. Uma semana depois, ela recebeu um e-mail: "Você ganhou sua primeira comissão de afiliado do Canva — $9,60." Ela gritou de alegria e acordou sua filha da soneca. Não era muito, mas era prova de que funcionava.

Ela decidiu continuar. Priya começou a criar pins no Pinterest com o Canva que direcionavam para seus artigos. Pediu ao ChatGPT para gerar mais posts — "10 Dicas para Economizar Tempo para Mães que Trabalham", "Como Iniciar uma Renda Extra Sem Sair de Casa" e "Melhores Ferramentas de IA Gratuitas para Iniciantes". Em cada post, incluía um ou dois links de afiliados: Canva, Grammarly, Pictory e até um curso sobre sono de bebês que encontrou no Digistore24. Todas ferramentas em que acreditava — e que usava.

Ela também criou uma conta gratuita no Gumroad e ofereceu um pequeno guia em PDF criado com IA chamado "Guia da Mãe Ocupada para Rendas Extras com IA". Para baixar o guia, as pessoas precisavam inserir o e-mail. Priya usou o plano gratuito do ConvertKit para enviar e-mails de acompanhamento recomendando as ferramentas mencionadas. Em 30 dias, já tinha 127 inscritos. Pequeno — mas crescendo.

Todas as manhãs, enquanto sua filha dormia, Priya criava conteúdo. Às vezes um artigo para o blog. Às vezes um vídeo curto no Canva para Instagram Reels. Às vezes apenas um post em carrossel no Facebook. Ela não tentava viralizar — focava em ser útil. Lentamente, o tráfego do blog cresceu. E suas comissões também.

No terceiro mês, ela estava ganhando entre $180 e $250 por mês em renda de afiliados — o suficiente para pagar fraldas, compras de supermercado e ainda guardar um pouco. A maior parte do conteúdo era criada com ferramentas de IA gratuitas, e ela não tinha site profissional, nome de empresa ou experiência técnica. Apenas consistência e um desejo genuíno de ajudar outras pessoas.

Seis meses depois, Priya recebeu um e-mail do Canva convidando-a para participar do "Nível Pro de Afiliados", que oferecia comissões maiores e bônus especiais. Ela havia construído silenciosamente algo significativo — um pequeno negócio que funcionava mesmo quando ela não estava trabalhando. E tudo começou com um único link.

Hoje Priya orienta outras mães em um grupo de WhatsApp, ensinando como usar IA para criar blogs de afiliados, ebooks e vídeos curtos. Ela sempre lembra: "Você não precisa ser uma influenciadora. Você só precisa ser útil."

Graças à IA e ao marketing de afiliados, Priya não ganhou apenas dinheiro — ganhou confiança, liberdade e uma nova identidade: criadora, conectadora e rainha silenciosa das comissões.

Capítulo 7: Criação de Cursos com IA — Ensine o Que Você Sabe Mesmo Sem Ser um Especialista

A educação online explodiu na última década e continua crescendo rapidamente. Plataformas como Udemy, Teachable, Skillshare e Kajabi criaram um mercado global de conhecimento — e a inteligência artificial agora está tornando mais fácil do que nunca se tornar um criador de cursos, mesmo que você não seja um professor ou especialista. Com ferramentas de IA ao seu lado, você pode planejar, criar e vender seus próprios cursos digitais em tempo recorde — tudo a partir de casa, usando apenas um smartphone ou laptop.

A grande mudança é esta: as pessoas não esperam mais perfeição. Elas esperam clareza, estrutura e resultados. Se você superou um desafio, descobriu algo útil ou dominou um processo básico, você pode ensinar isso. Pode ser como usar o Canva, organizar a casa, criar uma renda extra, perder peso sendo um pai ou mãe ocupado, ou manter a produtividade trabalhando em casa. Sempre haverá alguém procurando exatamente a solução que você encontrou.

Veja como funciona a criação de cursos com IA passo a passo.

Primeiro, comece identificando um microtema que você pode ensinar. Não tente criar um curso gigantesco de 40 horas.

Foque em uma pequena vitória. Em vez de "Como começar um negócio", experimente "Como criar uma loja de printables com Canva em 7 dias". Em vez de "Fitness", tente "Treinos de 15 minutos para mães sem equipamento". Especificidade vende. Você pode usar o ChatGPT para gerar ideias perguntando: "Quais são 10 tópicos lucrativos de cursos online que eu poderia ensinar se eu me interesso por [insira seu interesse]?"

Depois de escolher o tema, use o ChatGPT para criar o esboço do curso. Peça para dividir o tema em 5 a 7 módulos ou lições. Para cada lição, solicite tópicos principais ou objetivos de aprendizagem. Em seguida, peça para expandir cada um em um roteiro de aula ou pontos de explicação. Isso se torna a base do conteúdo do seu curso — economizando dias ou até semanas de trabalho.

Agora você pode decidir se quer gravar vídeo, áudio ou uma apresentação narrada. Você não precisa aparecer na câmera. Você pode:

Usar Pictory ou InVideo para transformar seus roteiros em vídeos narrados com imagens de banco e voz gerada por IA.
Gravar sua tela com Loom, OBS Studio ou Screencast-O-Matic enquanto demonstra um processo (como criar algo no Canva ou usar o ChatGPT).
Usar ElevenLabs para narrar seus roteiros e combinar o áudio com slides criados no Canva ou PowerPoint.

Você pode concluir um curso usando apenas slides, voz de IA e visuais simples — e ainda assim criar um produto premium.

Quando suas aulas estiverem prontas, organize seus vídeos, PDFs e materiais para download em uma plataforma de cursos. Para iniciantes, a Udemy é uma ótima opção porque já possui milhões de estudantes. É gratuito publicar lá e eles ajudam na divulgação. Você ganha uma porcentagem de cada venda (normalmente entre 37% e 50%), dependendo de como o aluno encontra seu curso.

Se você quiser mais controle e manter uma porcentagem maior do lucro, pode usar plataformas como Teachable, Thinkific, Gumroad ou Podia. Essas plataformas permitem criar sua própria página de vendas, configurar funis de email e vender diretamente para seu público. Você também pode vender acesso como um "mini curso" por $17 a $97 — ideal para quem está começando.

A IA também pode ajudar você a escrever o título do curso, subtítulo, descrição, página de vendas, emails e até sua biografia como instrutor. Você pode usar prompts como:

"Escreva uma descrição persuasiva para um curso chamado 'Freelancing com Ferramentas de IA'."
"Crie uma chamada para ação convincente para se inscrever em um curso digital."
"Resuma os benefícios deste curso em 5 tópicos."

Depois que seu curso estiver no ar, promova-o nas redes sociais, através de email marketing, parcerias de afiliados ou até usando YouTube Shorts e Instagram Reels. Você pode usar Opus Clip para extrair trechos de destaque de um vídeo mais longo ou do trailer do curso e publicar em várias plataformas. Adicione o link do curso na bio ou na descrição dos vídeos para gerar tráfego.

E lembre-se — seu curso não precisa ser perfeito. Ele precisa estar pronto. Você sempre pode atualizar, regravar ou melhorar depois. O objetivo é resolver um problema, entregar valor e oferecer um caminho mais rápido para o resultado que alguém deseja.

Alguns criadores lançam um único curso e ganham $100 a $500 por mês de forma passiva. Outros criam pacotes de cursos, oferecem upsells e escalam para cinco dígitos mensais. De qualquer forma, a IA permite criar mais rápido, testar ideias e construir um ativo educacional que pode gerar renda repetidamente.

No próximo capítulo, exploraremos como transformar suas habilidades com IA em uma agência digital oferecendo serviços para clientes — mesmo que você seja uma equipe de uma pessoa só. Mas primeiro, escolha o tema do seu curso, gere os títulos das aulas com IA e comece a criar. Talvez você ainda não se sinta um professor — mas para alguém lá fora, você é exatamente o mentor que ele estava esperando.

O Primeiro Curso de Carla Mudou Tudo

Carla trabalhava como recepcionista em tempo integral em um pequeno consultório odontológico em uma cidade rural do Texas. Ela tinha 38 anos, criava dois filhos sozinha e equilibrava uma rotina agitada que deixava pouco tempo para projetos paralelos. Ainda assim, ela sempre teve talento para organização — planejadores, orçamentos, preparação de refeições e planejamento de viagens. Amigos frequentemente pediam conselhos sobre como se manter organizado com pouco tempo. Ela costumava rir e dizer: "Eu deveria criar um curso sobre isso", mas parecia um sonho distante.

Então, um dia, durante o horário de almoço assistindo vídeos no YouTube, ela viu um vídeo intitulado "Crie e Venda um Curso Online Usando IA — Sem Experiência". Curiosa, ela clicou. O criador explicava como usar o ChatGPT para gerar ideias de aulas, o ElevenLabs para narrar roteiros e o Canva para criar apresentações simples. Sem equipamentos caros. Sem precisar aparecer na câmera. Os olhos de Carla brilharam. Talvez ela realmente pudesse ensinar algo.

Naquela noite, depois de colocar os filhos para dormir, ela abriu o ChatGPT e escreveu: "Ajude-me a criar um mini curso chamado 'O Plano da Mãe Organizada'." Em segundos, ela recebeu um roteiro com cinco aulas: criação de uma agenda familiar semanal, planejamento de orçamento, sistemas de preparo de refeições, organização digital de arquivos e rotinas para economizar tempo. Parecia fácil demais.

Nos dias seguintes, Carla expandiu cada aula com ajuda da IA. Ela adicionou exemplos reais da própria vida, dicas e atalhos. Criou slides no Canva e usou o ElevenLabs para narrar os roteiros com uma voz clara e acolhedora. Depois juntou tudo em aulas de vídeo usando um editor online gratuito. Carregou os materiais no Teachable, adicionou uma descrição do curso (também escrita com IA) e colocou o preço em 37 dólares. Nervosa, clicou em "publicar".

Ela não contou para ninguém. Nenhum post nas redes sociais. Nenhum email. Apenas um experimento silencioso.

Mas em 48 horas veio a primeira venda. Depois outra. E mais outra.

Seu curso estava resolvendo um problema real: mães ocupadas tentando organizar suas vidas e manter tudo funcionando. Sua voz — mesmo que não fosse literalmente a dela — conectou com as pessoas. O sistema dela era simples e realista.

Animada, Carla começou a postar dicas no Instagram e incluir o link do curso. Usou o ChatGPT para escrever legendas e o Canva para criar gráficos diários. Em um mês, ela já tinha vendido mais de 50 cópias. Pessoas começaram a enviar emails agradecendo por algo simples, útil e verdadeiro.

Carla mal podia acreditar. Ela não tinha diploma universitário. Não tinha certificações de ensino. Não se considerava uma especialista. Mas ali estava ela, ganhando mais de $1.000 no primeiro mês — mais do que qualquer outro trabalho extra que já tinha feito.

Ela reinvestiu o dinheiro em um segundo curso chamado “Orçamento Inteligente: Finanças Pessoais para Famílias Ocupadas”. Dessa vez ela incluiu PDFs, checklists e um pequeno workbook — tudo criado com IA em poucas horas. Ela juntou os dois cursos em um pacote e aumentou o preço. Em três meses, tinha criado um verdadeiro negócio digital paralelo.

A parte favorita de Carla não era apenas o dinheiro. Era a mudança de identidade. Ela não era apenas uma recepcionista. Ela era professora, criadora, empreendedora.

Ela havia transformado sua experiência de vida em algo valioso para outras pessoas — e estava sendo paga por isso.

Hoje ela diz para outras mães: “Se você resolveu um problema na sua vida, existe alguém disposto a pagar para aprender como você fez. A IA só ajuda a tirar isso da sua cabeça e colocar no mundo.”

E foi exatamente isso que Carla fez — uma aula de cada vez.

Capítulo 8: Começando uma Agência Digital com IA em Casa

A ideia de administrar uma "agência" costumava parecer algo complicado — algo que exigia uma equipe, um escritório, softwares caros e anos de experiência. Hoje não mais. Graças à inteligência artificial, você pode lançar e operar sua própria agência digital de uma pessoa só, trabalhando de casa e oferecendo serviços altamente demandados para clientes no mundo todo, usando ferramentas de IA para entregar resultados profissionais com rapidez.

Uma agência é simplesmente um negócio que presta serviços para outras pessoas ou empresas. Quando ela é alimentada por IA, torna-se enxuta, eficiente e escalável. Você pode se especializar em criação de conteúdo, gestão de redes sociais, geração de leads, SEO, email marketing, edição de vídeo ou design de sites — tudo usando ferramentas de IA como seus colegas de trabalho silenciosos e incansáveis.

O primeiro passo é escolher o seu nicho de serviço. Foque em algo que você consiga entregar bem usando IA e que tenha demanda clara. Por exemplo:

Agência de Criação de Conteúdo: escrever blogs, emails e páginas de vendas usando ChatGPT e Grammarly.
Agência de Conteúdo em Vídeo: usar Opus Clip, Pictory ou

InVideo para criar vídeos curtos para redes sociais.
Narração e Voiceover com IA: oferecer narrações para anúncios, audiolivros ou YouTube usando ElevenLabs.
Marketing para Redes Sociais: criar legendas, carrosséis e reels usando ChatGPT e Canva.
Consultoria em Automação de Negócios: ajudar pequenas empresas a automatizar respostas, fluxos de trabalho e conteúdo usando Zapier e bots de IA.

Depois de escolher seu nicho, organize seus serviços em ofertas claras. Em vez de dizer "eu faço de tudo", diga algo como: "Criamos 15 vídeos curtos por mês para Instagram, YouTube e TikTok — totalmente editados com legendas, música e voz de IA — a partir de $499 por mês." Quando você é específico, os clientes confiam mais.

Em seguida, crie uma presença online simples. Você não precisa de um site sofisticado para começar. Um PDF profissional criado no Canva, uma página simples no Gumroad ou Notion, ou até mesmo um perfil forte no LinkedIn com suas ofertas já é suficiente. Use o ChatGPT para escrever sua seção "Sobre", a descrição dos serviços e sua proposta de valor. Sua marca pode ser seu próprio nome ou algo como "ContentFlow AI", "Social Boosters Studio" ou "NextGen Video Lab".

Agora surge a pergunta: onde encontrar clientes? O caminho mais rápido é combinação de contato direto com conteúdo.

Use LinkedIn, grupos no Facebook ou emails frios para entrar em contato com pequenas empresas, coaches, empreendedores individuais ou lojas de e-commerce. Comece a conversa oferecendo algo gratuito: "Olá, percebi que seu Instagram não utiliza vídeos curtos. Posso criar um vídeo de exemplo gratuito usando ferramentas de IA? Sem compromisso." Se gostarem, eles pedirão mais. Esse é seu ponto de entrada.

Você também pode listar seus serviços em plataformas como Fiverr, Upwork ou PeoplePerHour. Use IA para gerar descrições dos serviços, respostas de perguntas frequentes e até respostas automáticas. Adicione exemplos de portfólio — criados com IA — para mostrar o que você pode fazer. Comece com preços competitivos, reúna avaliações e depois aumente seus preços conforme a demanda cresce.

O poder da IA permite que você escale como se tivesse uma equipe de cinco pessoas — mesmo sendo apenas uma. Por exemplo:

Com ChatGPT, você pode escrever 10 emails de alta conversão em menos de 30 minutos.
Com Canva, você pode criar uma semana inteira de posts para Instagram em uma única sessão.
Com Pictory, você pode transformar artigos de blog em vídeos para YouTube em menos de uma hora.

Com ElevenLabs, você pode entregar introduções de podcast, narrações de audiolivros ou módulos de cursos sem precisar entrar em um estúdio de gravação.

A melhor parte é que você pode automatizar serviços recorrentes, cobrar mensalidades e construir uma renda previsível. Ofereça pacotes mensais de conteúdo, pacotes de vídeos ou até serviços white label para outros criadores que não têm tempo para produzir conteúdo. Conforme sua renda cresce, você pode contratar assistentes virtuais para ajudar na administração ou expandir para outros serviços baseados em IA.

Resumindo: você não precisa de uma equipe ou de um estúdio para lançar uma agência. Você precisa de um laptop, um nicho e uma oferta clara — e as ferramentas de IA farão o resto. Foque em resolver bem um problema específico. Entregue resultados rapidamente. Seja profissional e consistente. Em pouco tempo, você não terá apenas um trabalho extra — terá um negócio.

No próximo capítulo, vamos falar sobre como usar IA para criar e vender templates digitais — um dos produtos com maior margem de lucro em plataformas como Etsy, Gumroad e muitas outras. Mas por enquanto, defina o nicho da sua agência, crie uma oferta de serviço e envie sua primeira mensagem. Você não está "fingindo" ter uma agência. Você já tem uma — impulsionada por IA.

A Agência Remota de Ricardo

Ricardo morava em Buenos Aires, na Argentina. Ele era bartender e perdeu o emprego durante uma crise econômica, ficando mais de um ano sem trabalho estável. Ele tinha apenas um laptop, uma conexão de Wi-Fi instável e um forte desejo de parar de depender de trabalhos temporários. Depois de assistir a vários vídeos no YouTube sobre ganhar dinheiro online, ele encontrou algo que chamou sua atenção: "Comece uma agência digital de uma pessoa usando IA — sem clientes? Sem problema."

Ele clicou.

O vídeo explicava como pessoas estavam usando ferramentas como ChatGPT, Canva e Pictory para oferecer serviços profissionais como edição de vídeo, criação de conteúdo e gerenciamento de redes sociais — tudo sem equipe, escritório ou habilidades avançadas. Ricardo nunca havia editado um vídeo na vida, mas já tinha criado menus de bebidas, flyers de festas e posts para redes sociais no bar onde trabalhava. Isso lhe deu uma ideia.

Ele decidiu criar uma agência de conteúdo para cafés e restaurantes locais. Chamou o negócio de Café Boost Studio e criou rapidamente um logotipo no Canva. Depois usou o ChatGPT para escrever uma mensagem de apresentação: "Olá, eu administro um pequeno estúdio criativo que ajuda restaurantes a crescer online usando vídeos curtos e conteúdo moderno. Posso criar um vídeo de exemplo gratuito para o seu café?"

Ele pegou algumas fotos do Instagram de um café local, pediu ao ChatGPT para escrever um roteiro com sugestões de música moderna, colocou o texto no ElevenLabs para narração e usou o Pictory para montar um reel curto e profissional. Levou menos de uma hora. Ele enviou para a dona do café sem expectativa alguma.

Ela adorou. Ofereceu $100 para que ele criasse mais cinco vídeos. Era mais do que ele tinha ganhado a semana inteira.

Animado, Ricardo fez uma lista de 20 pequenas empresas da região e enviou uma mensagem personalizada para cada uma. Quatro responderam. Duas se tornaram clientes. Em duas semanas ele já tinha $500 em contratos mensais recorrentes. Ele criou pacotes de conteúdo: 10 reels por mês por $200, 4 newsletters por $150 e gráficos diários com frases por $99. Tudo produzido com IA.

No começo era só ele, trabalhando de um canto da cozinha com fones de ouvido e o celular ao lado. Mas com o tempo ele otimizou tudo. Usava ChatGPT para escrever legendas,

ElevenLabs para narrações, Canva para thumbnails e Opus Clip para criar cortes curtos de vídeos. Também criou templates reutilizáveis para acelerar o trabalho.

Ele não se sentia mais como alguém procurando emprego. Ele se sentia como um empresário.

No terceiro mês, Ricardo criou uma página no Gumroad onde outros donos de agência podiam comprar seus templates — pacotes de design no Canva, conjuntos de legendas e formulários de onboarding para clientes. Isso sozinho começou a gerar $200 a $300 extras por mês.

Eventualmente ele contratou o primo para ajudar com prospecção enquanto ele focava na entrega dos serviços e na melhoria dos sistemas. O mais incrível era que ele nunca teve uma reunião presencial. Sua agência inteira funcionava remotamente — do laptop — usando ferramentas de IA e atendendo clientes na Argentina, no México e até uma padaria em Miami.

Ricardo não se apresentava mais como alguém "entre empregos". Ele era o fundador do Café Boost Studio, com um portfólio crescente e uma base de clientes em expansão.

Ele sempre lembra do momento que mudou tudo — enviar aquele primeiro vídeo gratuito sem promessa de pagamento.

Levou apenas 60 minutos para criar. Aquele único vídeo lançou sua agência.

O conselho dele para outras pessoas é simples: "Não espere se sentir pronto. Apenas resolva um problema. Deixe a IA fazer o trabalho pesado. A confiança vem depois."

E foi exatamente isso que Ricardo fez. De bartender a empresário — tudo com um chatbot gratuito, um olhar criativo e coragem para clicar em "enviar".

Capítulo 9: Criando e Vendendo Templates com IA para Gerar Renda Passiva

Templates são ouro digital. Eles economizam tempo, simplificam tarefas complexas e oferecem estrutura — por isso estão entre os produtos digitais mais lucrativos e escaláveis da internet hoje. Desde modelos de currículo e formulários empresariais até layouts para posts em redes sociais e planilhas de orçamento, pessoas de todos os setores procuram soluções "prontas para usar" que possam aplicar imediatamente em suas vidas ou negócios. E graças à inteligência artificial, agora você pode criar, organizar e vender templates profissionais com facilidade — sem precisar de formação em design ou habilidades técnicas.

Templates são basicamente arquivos pré-construídos que outras pessoas podem personalizar e reutilizar. Talvez você já use alguns no dia a dia: modelos de email, gráficos para redes sociais no Canva, dashboards no Notion, rastreadores no Google Sheets, apresentações no PowerPoint ou até formulários jurídicos. Esses recursos economizam horas de trabalho — e muitas pessoas estão dispostas a pagar por essa conveniência.

Para começar, primeiro você precisa escolher uma categoria de templates que tenha demanda. Use marketplaces como Etsy, Creative Market, Gumroad ou até a busca do TikTok para pesquisar o que está em alta. Algumas categorias com grande demanda incluem:

Negócios: apresentações para investidores, SOPs, modelos de fatura, planos de negócios
Desenvolvimento pessoal: rastreadores de hábitos, planejadores de metas, diários diários
Educação: planos de aula, folhas de exercícios para alunos, organizadores de sala de aula
Criação de conteúdo: templates de Instagram, roteiros de Reels, thumbnails para YouTube
Finanças: planilhas de orçamento, rastreadores de renda e despesas, planos de pagamento de dívidas
Eventos: planejadores de casamento, planejadores de refeições, convites de festa

Depois de escolher seu nicho, use o ChatGPT para planejar o conteúdo. Por exemplo, você pode perguntar: "O que devo incluir em uma planilha de orçamento para pequenas empresas?" ou "Crie 10 prompts para um planejador diário de produtividade." Você também pode pedir ao ChatGPT para criar conteúdo de exemplo para os templates, como faturas fictícias, agendas de calendário ou legendas de exemplo.

Para design, o Canva será seu melhor aliado. Use templates gratuitos como ponto de partida e personalize fontes, cores e estrutura para tornar seu produto único. Quer criar templates editáveis para os clientes? Basta projetar no Canva e clicar em "Compartilhar como link de template". Isso permite que os compradores copiem e editem o template diretamente em suas próprias contas do Canva — sem precisar baixar nada. É simples, limpo e converte muito bem.

Para planilhas ou dashboards, use Google Sheets ou Notion. O ChatGPT pode ajudar a criar fórmulas ou lógica para rastreadores financeiros, calculadoras ou sistemas de gerenciamento de projetos. Por exemplo, você pode pedir: "Escreva uma fórmula no Google Sheets que calcule automaticamente a margem de lucro mensal." Copie, cole e sua planilha já estará pronta para vender.

Depois disso, crie um anúncio do produto em plataformas como Etsy, Gumroad ou Payhip. Use IA para ajudar a escrever descrições, títulos e tags do produto. Por exemplo:

Título: Rastreador Financeiro para Pequenas Empresas (Template Google Sheets)
Descrição: Controle renda, despesas, impostos e lucro líquido com esta planilha mensal fácil de usar. Criada para empreendedores, freelancers e vendedores online.

Use Canva ou Placeit para criar mockups profissionais do produto. Mostre seu template em telas de laptop ou smartphone para ajudar os compradores a visualizar o valor. Listagens com imagens claras convertem muito mais.

O preço dependerá da complexidade e da concorrência. Muitos templates são vendidos entre $5 e $25, enquanto pacotes ou sistemas premium podem chegar a $49 ou mais. Você também pode oferecer extras, upgrades ou diferentes tipos de licença (uso pessoal ou comercial).

Depois que seu produto estiver disponível, você pode gerar tráfego usando:

Pinterest: crie pins no Canva e direcione para sua página do produto
Instagram Reels ou TikTok: publique vídeos curtos mostrando como o template funciona
SEO no Etsy: inclua palavras-chave no título, tags e descrição
Lista de email: ofereça um mini template gratuito em troca do email do visitante
Pacotes: combine 3 a 5 templates relacionados em um bundle com preço maior e mais valor percebido

A verdadeira mágica acontece quando você constrói uma biblioteca de templates. Comece com um produto e depois crie ferramentas complementares. Por exemplo, se você vende um planejador de casamento, depois crie um rastreador de convidados, planilha de orçamento e checklist de lua de mel. Esses pequenos ecossistemas aumentam as compras repetidas e facilitam upsells.

A melhor parte é que templates, depois de criados, se tornam verdadeira renda passiva. Não há praticamente suporte ao cliente além de ajudar com acesso ocasional. Você cria uma vez e vende para sempre. E com a IA fazendo 70–80% do trabalho de conteúdo e estrutura, seu papel passa a ser mais de curador e construtor de marca do que apenas criador.

Resumindo: escolha um nicho lucrativo, use IA para planejar e gerar conteúdo, desenhe no Canva ou Sheets e venda no Etsy, Gumroad ou em seu próprio site. Com consistência, até uma pequena loja com 10 templates pode gerar centenas — ou até milhares — de dólares por mês. E diferente de serviços, sua renda não fica mais limitada pelo seu tempo.

No capítulo final, exploraremos como construir um ecossistema de renda com IA — combinando diferentes atividades paralelas em um sistema que trabalha para você 24 horas por dia. Mas por enquanto, escolha uma ideia de template e comece a criá-la. Simples, útil e escalável — é assim que começa a liberdade digital.

A Surpresa dos Seis Templates de Sienna

Sienna era assistente virtual freelancer e morava na Cidade do Cabo, na África do Sul. Seus dias eram corridos — respondendo emails, organizando calendários e criando posts para redes sociais de seus clientes. Mas sua renda era instável e dependia de horas trabalhadas. Ela estava começando a se sentir exausta. Sonhava em ganhar dinheiro sem precisar trocar tempo constantemente por pagamento. A ideia de renda passiva parecia ótima — mas distante.

Uma noite, enquanto navegava no Pinterest procurando planners digitais, ela viu um pin com o título: "Ganhe $1.000 por mês vendendo templates no Etsy — sem experiência." Parecia exagero, mas a curiosidade falou mais alto.

O artigo explicava como criadores estavam usando Canva e ChatGPT para criar templates editáveis — planejadores, checklists, rastreadores — e vendê-los online. Alguns até usavam Google Sheets para ferramentas financeiras ou empresariais. Sienna já criava esse tipo de material para clientes. Então ela pensou: por que não vender também?

Naquela noite, ela pegou um checklist de produtividade que havia criado para um cliente, removeu a marca da empresa, melhorou o design no Canva e exportou como PDF. Depois abriu o ChatGPT e pediu: "Crie 20 prompts para um diário digital de produtividade." Em segundos, ela tinha o conteúdo perfeito para complementar o produto.

Ela carregou os arquivos no Etsy e criou uma nova loja chamada SmartWork Templates. Definiu o preço em $7 e criou uma imagem simples mostrando um laptop com o template na tela. Seguiu um tutorial no YouTube sobre SEO no Etsy e adicionou palavras-chave como "planner de produtividade", "checklist digital" e "gerenciamento de tempo".

No primeiro dia ninguém comprou. Nem no segundo.

Mas no terceiro dia ela ouviu o som de notificação do aplicativo do Etsy.

Sua primeira venda.

Ela ficou empolgada — não por causa dos $7, mas porque agora sabia que o sistema funcionava. Rapidamente criou mais cinco templates: um planejador semanal de refeições, um cronograma de limpeza doméstica, um rastreador de metas empresariais, uma planilha de orçamento e um diário de rotina matinal. Todos feitos com Canva ou Google Sheets. O ChatGPT ajudou com os prompts, estrutura e descrições.

No final da semana ela já tinha uma pequena linha de produtos — e mais quatro vendas.

Animada, começou a criar pins no Pinterest que levavam para sua loja, vídeos curtos no Instagram mostrando como usar os templates e uma oferta de email com um "Mini Rastreador de

Rotina Matinal" gratuito para novos inscritos. Aos poucos construiu uma pequena audiência. Em um mês vendeu 58 templates e ganhou mais de $400.

Mas algo ainda melhor aconteceu — alguns clientes começaram a pedir versões personalizadas dos templates para suas marcas. Sienna começou a oferecer versões premium para pequenas empresas. Um cliente pagou $150 para ela criar um kit de planejamento de metas personalizado para sua equipe.

Ela não estava apenas vendendo arquivos — estava construindo um sistema. Criou um pacote chamado "Work Smarter Bundle", combinando seus cinco templates mais populares em um único produto por $25. Rapidamente se tornou o mais vendido.

A parte favorita de Sienna? Nenhuma reunião. Nenhum prazo estressante. Nenhum relógio de horas trabalhadas.

Ela trabalhava à noite com uma xícara de chá, música tocando e criando ativos digitais que continuavam vendendo mesmo depois que desligava o computador. Parecia mágica — mas era apenas design inteligente, conteúdo útil e o poder da IA.

Agora, com mais de 20 templates na loja e dezenas de avaliações cinco estrelas, Sienna ganha entre $800 e $1.200 por mês — e crescendo. O trabalho freelancer que antes era exaustivo agora é equilibrado por uma renda passiva estável.

Ela costuma dizer aos amigos: "Se você já criou um checklist ou planilha mais de uma vez, você já criou algo que alguém pagaria para usar. Basta organizar, melhorar e publicar."

E foi exatamente isso que ela fez. Um template de cada vez.

Capítulo 10: O Ecossistema de Renda com IA — Empilhar, Escalar e Sistematizar

Agora você já explorou 9 maneiras diferentes de ganhar dinheiro online usando inteligência artificial — cada uma poderosa por si só. Mas a verdadeira transformação acontece quando você combina essas estratégias em um sistema. Isso é o que chamamos de Ecossistema de Renda com IA — uma estratégia onde suas habilidades, ferramentas, conteúdo e plataformas se alimentam mutuamente para criar renda acumulada, crescimento escalável e liberdade sustentável.

Vamos começar pela base. A coisa mais importante que você precisa entender é que a IA não é apenas um atalho — ela é uma parceira de negócios. Ela ajuda a reduzir o tempo de criação, melhorar a qualidade e eliminar gargalos. Em vez de fazer tudo manualmente, você constrói de forma mais inteligente. Isso significa que você não apenas trabalha como freelancer. Não apenas vende um curso. Você constrói um ecossistema que conecta todas essas peças.

Veja como isso funciona.

Comece com uma habilidade principal que você gosta ou já utiliza. Digamos que seja criação de conteúdo. Você pode começar oferecendo serviços de escrita freelancer usando o

ChatGPT. Constrói um portfólio, obtém avaliações e começa a gerar renda.

A partir daí, você usa essas mesmas habilidades com IA para criar produtos digitais como ebooks, checklists ou templates. Esses produtos podem ficar disponíveis no Gumroad, Etsy ou KDP e começar a gerar renda passiva.

Depois, você transforma esses mesmos sistemas em um mini curso, ensinando outras pessoas como você fez — usando IA para escrever roteiros, narrar e publicar. Isso cria outra fonte de renda automatizada.

Você pega esse curso e transforma partes dele em YouTube Shorts usando ferramentas como Opus Clip. Cada vídeo curto inclui um link para seu curso, ebook ou produto afiliado. Agora você está gerando tráfego e comissões através de conteúdo gratuito — sem precisar aparecer na câmera.

Agora seus templates, ebooks, serviços e vídeos passam a apoiar uns aos outros. Você adiciona um lead magnet simples — como um kit gratuito de ferramentas de IA — e começa a construir uma lista de emails. Toda vez que você lança algo novo, sua audiência já está esperando. Esse é o ecossistema.

Aqui está um exemplo prático:

Crie um ebook com ChatGPT: "50 Ferramentas de IA para Pequenos Negócios"
Transforme-o em um audiobook usando ElevenLabs
Ofereça um pacote de templates de fluxos de trabalho com IA relacionados ao livro
Empacote tudo em um curso: "IA para Empreendedores Individuais"
Use Pictory ou InVideo para criar vídeos no YouTube e Reels promovendo cada produto
Adicione links de afiliados para as ferramentas recomendadas no conteúdo
Construa uma lista de emails oferecendo o primeiro capítulo ou templates bônus gratuitamente
Crie uma loja no Gumroad ou uma newsletter que entrega valor semanal com upgrades pagos

Cada parte apoia a outra. Você não começa do zero toda vez. Você empilha suas fontes de renda.

O próximo passo é escalar. Depois que você validar o que funciona, concentre seus esforços nisso. Promova seu produto mais vendido com alguns dólares em anúncios. Reaproveite conteúdo. Adicione upgrades. Licencie seus templates para outros criadores. Contrate um assistente virtual para ajudar com prospecção ou suporte ao cliente.

Por fim, sistematize. Use ferramentas como Notion ou Trello para criar fluxos de trabalho repetíveis. Crie calendários de conteúdo. Use ChatGPT para redigir respostas, Canva para reutilizar kits de marca e Zapier para automatizar entregas. Quanto mais você sistematiza, menos energia precisa para crescer — e mais tempo você ganha.

A beleza do Ecossistema de Renda com IA é que você pode começar pequeno e escalar de forma inteligente. Você não precisa viralizar. Não precisa estar em todos os lugares ao mesmo tempo. Você precisa de uma oferta, um público e um sistema que melhora com o tempo.

Para recapitular:

Use a IA para reduzir fricção, não para substituir seu valor.
Empilhe serviços, produtos, conteúdo e plataformas.
Automatize e reaproveite tudo o que puder.
Priorize consistência em vez de perfeição.
Trate seu projeto paralelo como um negócio desde o primeiro dia.

Na história final, você conhecerá alguém que fez exatamente isso — começando sem experiência, combinando várias fontes de renda com IA e construindo uma vida nos próprios termos.

Mas antes de continuar, leve isto com você: você não precisa ser o mais talentoso. Você só precisa estar disposto a tentar, aprender e construir. A IA não pode fazer tudo por você — mas pode eliminar quase todas as desculpas.

O futuro não está chegando.
Você está construindo ele.

O Império Digital de Manny, Construído do Zero

Manny morava em Atlanta, na Geórgia. Ele tinha acabado de completar 30 anos e trabalhava como gerente noturno em um armazém. O salário era estável, mas o trabalho era exaustivo — e pior ainda, fazia cada dia parecer uma repetição do anterior. Ele sempre quis construir algo próprio, mas abrir um negócio parecia caro, complicado e cheio de riscos.

Uma noite, durante uma pausa no trabalho, enquanto navegava no Reddit, ele viu um post com o título: "Você não precisa de produto, site ou experiência — apenas um chatbot e 10 horas por semana." Ele ficou curioso. O post explicava como usar ferramentas de IA como ChatGPT, Canva e ElevenLabs para criar e vender produtos digitais, serviços freelance e conteúdo online — mesmo começando do zero.

Manny não sabia muito sobre IA, mas sabia pesquisar no Google. Naquela mesma noite, perguntou ao ChatGPT: "Como posso ganhar dinheiro online se não tenho habilidades?" A resposta o surpreendeu. O chatbot apresentou cinco estratégias — todas possíveis com ferramentas gratuitas. Ele decidiu naquele momento que construiria seu próprio ecossistema digital, peça por peça.

Ele começou pequeno. Ofereceu serviços de criação de currículos no Fiverr, usando ChatGPT para escrever e formatar currículos e cartas de apresentação por $25. No primeiro mês ganhou $270. Não era muito — mas provava que era possível.

Depois ele usou essas mesmas habilidades para criar um ebook: "Como Conseguir Trabalhos Remotos Sem Diploma." Usou ChatGPT para escrever o conteúdo, Canva para criar a capa e publicou no Gumroad. Depois de divulgar no Reddit, vendeu 17 cópias.

Em seguida transformou o ebook em um audiobook usando ElevenLabs e passou a vender o pacote completo por $14,99. Dentro do conteúdo incluiu links de afiliados para ferramentas como Grammarly, Notion e plataformas de emprego — ganhando comissões cada vez que alguém se inscrevia.

Conforme o interesse crescia, Manny gravou um mini curso mostrando como criou seu serviço no Fiverr e seu ebook. Usou gravações de tela e narração com IA para explicar cada aula. Vendeu o curso por $47 e incluiu templates, guias e o ebook como bônus.

Depois veio o YouTube.

Ele usou ChatGPT para escrever roteiros de vídeos motivacionais sobre produtividade, liberdade financeira e ferramentas de IA. Usou Pictory para gerar os vídeos, ElevenLabs para a narração e Opus Clip para transformar cada vídeo longo em vários Shorts. Cada vídeo incluía links para seu ebook, curso ou serviços.

Tudo começou a se conectar. Seus serviços traziam clientes. Seu ebook trazia leitores. Seu curso trazia alunos. Seus vídeos traziam tráfego. Seus templates traziam renda passiva. Seus links de afiliados traziam comissões. Cada parte fortalecia a outra.

No sexto mês, Manny já ganhava mais de $3.000 por mês — mais do que ganhava no armazém. Mas o mais importante era a liberdade. Liberdade para trabalhar no próprio ritmo. Liberdade para passar tempo com a família. Liberdade para construir algo em vez de apenas sobreviver.

Ele acabou deixando o emprego noturno, contratou um assistente virtual nas Filipinas para gerenciar emails de clientes e começou a construir uma lista de emails com seguidores, clientes e criadores que acompanhavam sua jornada. Sua marca, Quiet Hustle Academy, agora incluía ebooks, cursos, canal no YouTube, loja no Gumroad e parcerias de afiliados — tudo gerenciado por uma pessoa e algumas ferramentas de IA.

Manny não fez nada extravagante. Não tinha milhões de seguidores. Não criou um aplicativo nem viralizou. Ele apenas continuou aparecendo, construindo peças e conectando tudo.

Seu ecossistema não era perfeito — mas funcionava. E continuava crescendo.

Quando os amigos perguntam como ele conseguiu, ele sempre sorri e diz: "Eu não comecei com confiança. Comecei com curiosidade. A IA cuidou do resto."

E essa é a verdade.

Manny construiu um império digital empilhando um bloco de cada vez — e deixando a IA ser a cola que conecta tudo.

Agora é sua vez.

Você Está Mais Perto do Que Imagina

Se você chegou até aqui, parabéns. Você acabou de concluir algo que a maioria das pessoas nunca sequer começa: um mergulho profundo em oportunidades reais e acessíveis de renda global impulsionadas por IA. Mas mais importante do que isso, você dedicou tempo para se educar — e em um mundo cheio de distrações, isso já o coloca à frente da maioria.

Agora você sabe o que é possível. Viu como pessoas ao redor do mundo — com pouco tempo, sem formação técnica e sem capital inicial — estão usando ferramentas acessíveis para mudar suas trajetórias financeiras. Você aprendeu que a IA não é algo para temer. Ela é um multiplicador de força. Uma parceira. Uma ferramenta poderosa que remove barreiras que antes mantinham o empreendedorismo preso a diplomas, investimentos e intermediários.

Você também viu a si mesmo refletido nessas histórias. Seja James em Nairobi, Maria em Medellín ou Priya em Mumbai — todos provaram que isso não é apenas teoria. Está acontecendo. E se aconteceu com eles, pode acontecer com você.

O que vem agora?

É aqui que a maioria das pessoas para. Elas terminam um livro, curso ou podcast inspiradas — e então esperam. Pensam demais. Duvidam. Hesitam.

Não seja a maioria.

Comece com uma única atividade paralela. Apenas uma. Crie seu primeiro serviço freelancer, abra uma loja de templates, publique seu primeiro ebook ou poste aquele primeiro vídeo gerado por IA. Não será perfeito — mas será real. E o real gera resultados. O real cria momentum. O real ensina mais rápido do que qualquer teoria.

A beleza do ecossistema de renda com IA é que ele recompensa ação mais do que perfeição. Cada vídeo publicado, cada produto lançado, cada serviço oferecido — tudo se acumula. E as ferramentas continuam ficando melhores, mais rápidas e mais baratas.

Você não está apenas participando de uma tendência. Você faz parte de uma transformação. Está aprendendo a construir fontes de renda que não dependem de localização, currículo ou conexões — apenas de iniciativa e execução.

O próximo passo não é voltar ao início deste livro.

O próximo passo é abrir seu laptop e começar.

Você não precisa saber tudo.
Você só precisa fazer algo.

Talvez seja criar seu primeiro serviço no Fiverr.
Talvez seja esboçar um mini curso.
Talvez seja gravar seu primeiro vídeo sem aparecer.

A ação é sua maior vantagem.

Você já tem as ferramentas.
Agora tem o mapa.

O que você fizer a seguir determinará se isso será apenas algo que você leu... ou algo que mudará sua vida.

E se você estiver se sentindo sobrecarregado, isso é normal. Isso não é sobre correr. É sobre construir algo sustentável. Mesmo que você dedique apenas 1 hora por dia, 3 dias por semana — já é suficiente para criar renda, estabilidade e uma nova identidade nos próximos meses.

Lembre-se: ninguém nasceu sabendo fazer isso.
Eles aprenderam começando.

Você também vai.

A mensagem final?

Você não precisa de mais tempo.
Você precisa de **menos hesitação.**

www.ingramcontent.com/pod-product-compliance
Lightning Source LLC
LaVergne TN
LVHW010839051026
849532LV00007B/2759